LOUVE A DEUS BRINCANDO

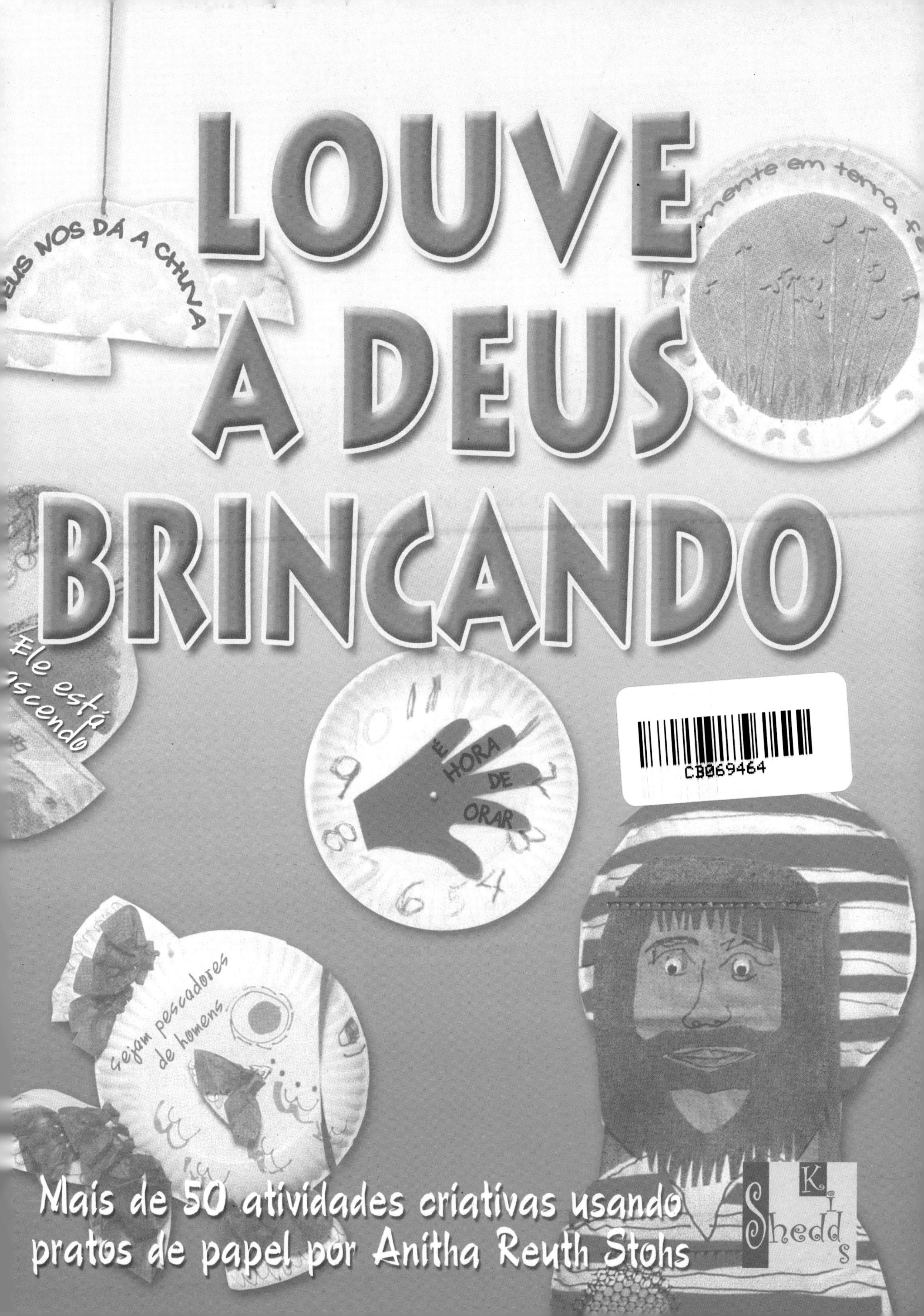

Mais de 50 atividades criativas usando pratos de papel por Anitha Reuth Stohs

Título do original em inglês: *Praise God with a paper plate*
Copyright 1992 CONCORDIA PUBLISHING HOUSE
3558 S. JEFFERSON, ST. LOUIS, MISSOURI 63118

1ª Edição - Julho de 2003
1ª Reimpressão - Janeiro 2006

Publicado no Brasil com a devida autorização
e com todos os direitos reservados por
SHEDD PUBLICAÇÕES LTDA-ME
Rua São Nazário, 30, Sto Amaro
São Paulo-SP - 04741-150
Tel. (0xx11) 5521-1924

DISTRIBUIÇÃO: EDIÇÕES VIDA NOVA
TEL. (0xx11) 5666-1911

Printed in Brazil / Impresso no Brasil

ISBN - 85-88315-20-3

TRADUÇÃO: Eulália de Andrade Pacheco Kregness
REVISÃO: Ana Lúcia Sicsú de Oliveira
DIAGRAMAÇÃO: Edmilson Frazão Bizerra
CAPA: Magno Paganelli

CONTEÚDO

Recado aos Pais e Professores 5

Deus Criou Nosso Mundo Maravilhoso

1. O céu e a terra: quadro de parede 7
2. A luzes de Deus no céu: enfeite de parede 8
3. Os seis dias da criação: jogo 9
4. Veja o que Deus fez: móbile da natureza 10
5. Deus fez as flores: colagem de girassol 11
6. Sempre em casa: tartarugas e caracóis 12
7. Os colaboradores de Deus: joaninha e aranhas 13
8. No fundo do mar: polvo e medusa (água-viva) 14
9. Deus me fez especial: fantoche de palito de sorvete 15

Deus cuida de seus filhos

10. Um arco-íris no céu: quadro de parede 16
11. No balanço das ondas: Moisés no cestinho 17
12. A saída do Egito: máscara de Moisés 18
13. A cântico de Miriã: louve a Deus com um tamborim 19
14. O maná que veio do céu: um cestinho trançado 20
15. Cânticos de louvor: a harpa de Davi 21
16. Jônatas e Davi: fantoches que ficam em pé 22
17. Meu bom Pastor: a ovelhinha de Jesus 23
18. O corvo que trouxe comida: fantoche de palito de sorvete 24
19. Deus envia chuva: colagem de nuvem 25
20. A roda de Ezequiel: uma roda tecida 26
21. Daniel e o leão: máscaras de prato de papel 27
22. A rainha Ester: fantoche de palito de sorvete 28

O nascimento de Jesus

23. Prepare-se para receber Jesus: guirlanda de Natal 29
24. Um anjo decorativo: fantoche com asas de mão 30
25. Feliz aniversário, Jesus: guirlanda de fio de lã 31
26. Celebremos o aniversário de Jesus: chapeuzinho de festa 32
27. Jesus nasceu: enfeite pespontado 33
28. Um presente para Jesus: fantoche de saco de papel 34
29. Vimos sua estrela: projeto de tapeçaria 35

Jesus viveu para amar

- **30.** O batismo de Jesus: móbile de pomba 36
- **31.** Sejam pescadores de homem: móbile de peixe 37
- **32.** Os discípulos: máscaras dos ajudantes de Jesus 38
- **33.** É hora de orar: relógio de oração 39
- **34.** Deus cuida de mim: pássaro de prato de papel 40
- **35.** Deus cuida de mim: flor de prato de papel 41
- **36.** Uma sementinha produtiva: mosaico de parede 42
- **37.** A sementinha na terra fértil: quadro de macarrão 43
- **38.** O porquinho pródigo: fantoche de palito de sorvete 44
- **39.** Prepare-se para receber Jesus: candeia de papel celofane 45
- **40.** Senhor do vento e das ondas: barquinho 46
- **41.** Obrigado, Senhor, por pizza: pizza na forma 47
- **42.** Lancem as redes: quadro de giz de cera 48
- **43.** Jesus me ama: porta-retrato 49
- **44.** O homenzinho na árvore: uma árvore 50

Jesus morreu e ressuscitou por mim

- **45.** Jesus morreu por você: cálice de Ceia 51
- **46.** Jesus morreu por todos nós: mosaico de três cruzes 52
- **47.** Jesus morreu por mim: cruz de tecelagem 53
- **48.** Jesus ressuscitou por minha causa: cestinha de Páscoa 54
- **49.** Boas novas: móbile de borboleta 55
- **50.** Jesus ressuscitou: ovo vazio 56
- **51.** Jesus está vivo: bexiga feita de prato 57
- **52.** Jesus subiu ao Céu: uma espiral 58

O crescimento da igreja

- **53.** Espalhe aos quatro ventos: frisbe das boas novas 59
- **54.** Ide por todo o mundo: cruz óptica 60
- **55.** Paulo e a serpente: fantoche 61

Atividades para dias especiais

- **56.** A Trindade: argolas entrelaçadas 62
- **57.** Senhor, abençoe nosso País: fogos de artifício 63
- **58.** Sejamos agradecidos: prato da gratidão 64

Recado aos Pais e Professores

A criança aprende fazendo. Um trabalho manual confeccionado logo após a história bíblica fixa os ensinos que a criança acabou de ouvir, e também é um lembrete visual do constante amor e cuidado de Deus por ela. Que os projetos deste livro – todos feitos com pratos de papel – ajudem vocês, seus filhos e seus alunos a crescer no conhecimento e no amor de Deus.

Os projetos podem ser confeccionados com pratos de qualquer tamanho, porém as crianças mais novas, ainda com pouca coordenação motora, terão mais facilidade de trabalhar com pratos maiores. Não use pratos de isopor nem de plástico, a não ser quando indicado. Os pratos de papel, além de mais baratos e duráveis, facilitam o uso do lápis de cor, do giz de cera e do pincel atômico. Alguns projetos ficarão mais bonitos se forem feitos com pratos coloridos ou enfeitados.

Confiram as sugestões no fim de cada projeto; fiquem à vontade para adaptar as instruções à sua realidade. As ilustrações que acompanham o texto são apenas sugestões; permita que as crianças usem a imaginação e criem seus próprios trabalhos e não apenas copiem o que está no livro ou o que o professor e os colegas fizeram. Deixem que a infinita variedade que Deus revela em sua criação dirija suas expectativas em relação à criatividade de seus filhos e alunos.

Anita Reuth Stohs

OS CÉUS E A TERRA
Um quadro

1

História Bíblica
A criação (Gênesis 1)

Materiais
Prato de papel
Lápis de cor ou giz de cera de várias cores
Adesivos de estrelas (opcional)
Furador de papel

Instruções
1. Desenhe um círculo na borda interna do prato. Desenhe os continentes e oceanos da terra dentro do círculo.
2. Desenhe montanhas, cidades e lugares conhecidos.
3. Pinte a terra e a água de seu quadro.
4. Escreva a seguinte frase em toda a borda do prato: "No princípio Deus criou os céus e a terra".
5. Desenhe e pinte um sol, uma lua, estrelas e cometas nos espaços em branco na borda do prato. Se desejar, cole adesivos de estrelas.
6. Perfure um lugar na parte de cima do prato.
7. Para não se esquecer de que Deus criou este mundo tão bonito, pendure o quadro em lugar bem visível.

Sugestões
1. Use papel de seda, celofane ou cartolina amassada para fazer a terra e a água.
2. Em vez de Gênesis 1.1, escreva na borda do prato: "Deus segura o mundo inteiro nas mãos".

AS LUZES DE DEUS NO CÉU
Um enfeite de parede

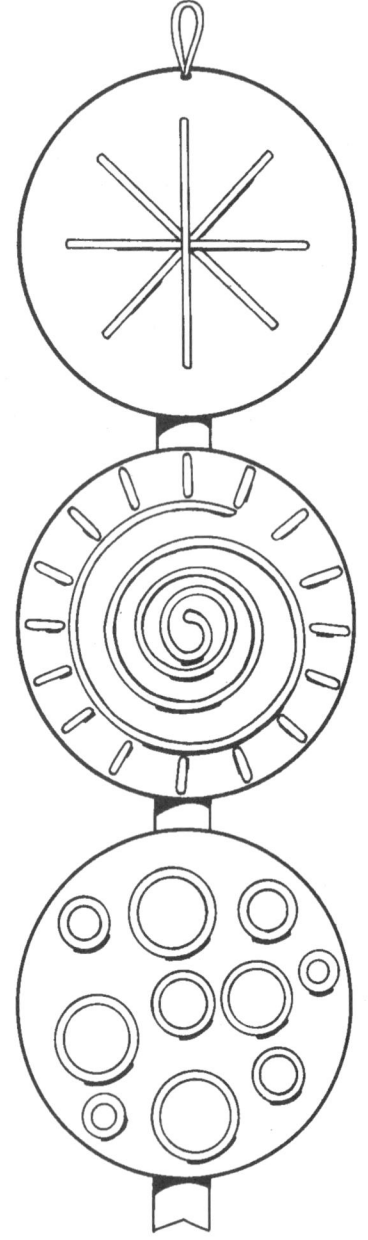

História Bíblica
A criação (Gênesis 1)

Material
Três pratos de papel, tamanho médio
Pedaços de lã amarela, marrom e laranja
Tesoura
Cola
Fita de seda (75cm)
Furador de papel

Instruções
1. Corte pedaços de lã amarela de mais ou menos 20cm e cole-os em forma de **X** no centro de um prato. Cole outros dois pedaços, um vertical e outro horizontalmente, em em cima e forme uma estrela.
2. Cole em espiral o fio de lã amarela ou laranja no meio de outro prato. Corte os fios amarelos e laranjas em pedaços iguais à largura da borda do prato e cole-os como se fossem "raios" de sol.
3. Faça pequenos círculos com pedaços de lã marrom e/ou amarela e cole-os no terceiro prato; eles serão as crateras da lua. Se desejar, corte o prato em forma de lua crescente.
4. Cole os pratos na fita de seda, distantes uns 5cm um do outro.
5. Perfure o topo do primeiro prato, amarre um pedaço de lã e pendure na parede os luminares que Deus colocou no céu.

Sugestão
1. Em vez de usar pedaços de lã, desenhe o sol, a lua e as estrelas com pincel atômico.
2. Deixe que cada criança faça apenas um prato, de sua própria escolha.
3. Peça que as crianças prendam seus pratos num mural formando assim um projeto da classe sobre a criação.
4. Use os pratos para ilustrar outras referências bíblicas sobre luminares criados por Deus. Exemplo: Salmo 136.7-9.
5. Use o prato da estrela quando falar sobre a estrela de Belém.

OS SEIS DIAS DA CRIAÇÃO
Um jogo

História Bíblica
A criação (Gênesis 1)

Material
Dois pratos de papel
Tesoura
Régua
Lápis
Figuras de revistas
Cola
Grampo de metal
Furador de Papel
Pincel atômico ou giz de cera

Instruções
1. Corte fora a borda de um dos pratos.
2. Usando a régua e o lápis, divida o círculo em seis partes iguais, em formato de fati de bolo.
3. Recorte figuras que ilustrem os seis dias da criação e cole-as nas divisões do prato. Não é preciso colocá-las em ordem específica, desde que cada divisão exemplifique um dia da criação.
4. Com o grampo de metal, prenda o círculo ilustrado no centro do segundo prato.
5. Na borda do segundo prato, desenhe uma seta apontando para o centro.
6. Pergunte às crianças individualmente o que Deus fez nos diferentes dias da criação. A resposta deve ser dada com a seta pontando para a figura certa.

Sugestões
1. Confeccione um prato único da criação. Faça um círculo com figuras ilustrando, em seqüência, os dias da criação, e escreva na borda do prato, acima de cada figura, o número do dia criado.
2. Deixe que as crianças desenhem os dias da criação.

4 VEJA O QUE DEUS CRIOU
Um móbile da natureza

História Bíblica
A criação (Gênesis 1)

Material
Prato de papel de boa qualidade (ou de isopor ou de plástico)
Caneta
Furador de papel
Pincel atômico ou giz de cera de várias cores
Objetos da natureza
Fios de lã
Tesoura
Fita adesiva

Instruções
1. Com a caneta, faça um furo no centro do prato. Depois, com o furador de papel, perfure toda a borda do prato.
2. No meio do prato, escreva a frase: "Veja o que Deus criou".
3. Junte objetos da natureza, tais como penas, casca de árvores, pinhas, flores secas e conchas do mar para confeccionar o móbile.
4. Corte um pedaço de fio de lã para cada objeto; corte pedaços de tamanhos diferentes.
5. Amarre os objetos nos fios de lã e prenda-os nos furos ao redor do prato.
6. A frase deve ficar na parte de cima do prato. Corte mais um pedaço de fio de lã, enfie-o no furo do meio, dê um nó e prenda-o com fita adesiva na parte interna do prato.
7. Pendure o móbile de modo que todos vejam o mundo maravilhoso que Deus criou para tocarmos e apreciarmos.

Sugestões
1. Use objetos que fazem barulho quando tocam um no outro.
2. Faça seus próprios desenhos de coisas que Deus criou para pendurar no prato.

DEUS FAZ AS FLORES CRESCEREM
Uma colagem de girassol

História Bíblica
A criação (Gênesis 1)

Material
Prato de papel
Fio de lã amarela
Tesoura
Cola
Cartolina verde e marrom
Sementes de girassol
Lápis
Furador de papel

Instruções
1. Corte a lã amarela em pedaços da largura da borda do prato e cole-os em toda a borda.
2. Faça um círculo de papel marrom que caiba dentro da borda do prato. Cole o círculo no prato e depois cole as sementes de girassol no círculo. Observe como de pequenas sementes Deus cria um enorme girassol.
3. Faça o caule e as folhas de papel verde e cole-os no meio e atrás do prato.
4. Escreva nas folhas e no caule do girassol: "Deus faz as flores crescerem".
5. Faça um furo no topo do prato e pendure-o.
6. O girassol acompanha o movimento do sol. O girassol será um lembrete para que pensemos em Deus durante todo o dia.

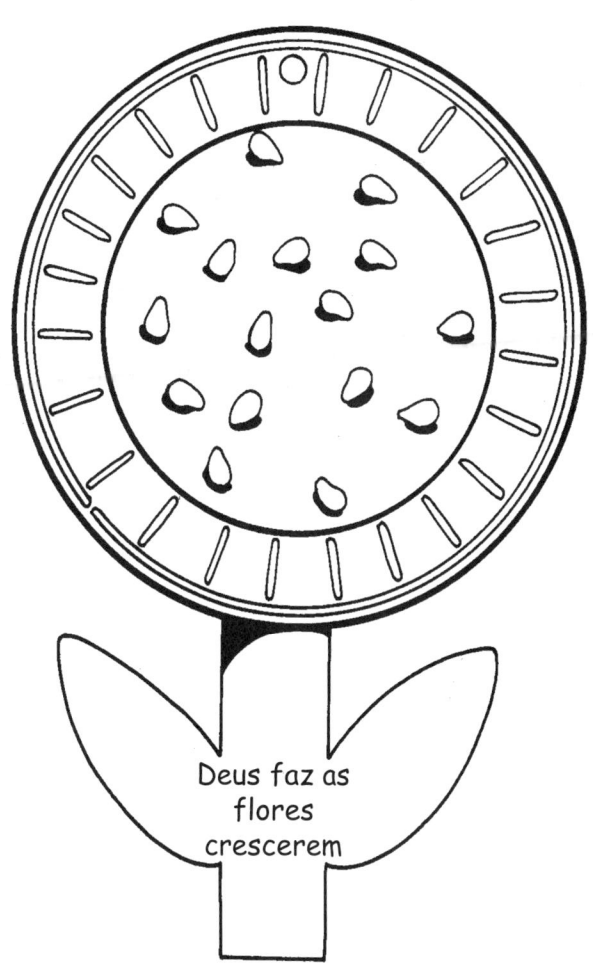

Sugestões
1. Faça pétalas de cartolina amarela.
2. Use prato amarelo e cole sementes de girassóis no centro.
3. Use grãos de feijão, contas e papel colorido para confeccionar outros tipos de flores.

SEMPRE EM CASA
Tartarugas e Caracóis

História Bíblica
A criação (Gênesis 1)

Material
Prato de papel
Tesoura
Lápis
Cartolina verde e marrom
Cola
Pincel atômico ou giz de cera de várias cores

Instruções
1. Corte o prato ao meio. As crianças podem usar as metades tanto para confeccionar um quanto os dois animais.
2. Em uma das metades, desenhe espirais para formar a concha do caracol. Na outra metade, desenhe quadrados arredondados imitando a carapaça da tartaruga.
3. Faça a cabeça, a cauda e as duas pernas da tartaruga de papel verde. Recorte-as e cole-as na carapaça da tartaruga.
4. Faça a cabeça, as duas antenas e o **pezão** do caracol de papel marrom. Cole-os na concha do caracol.
5. Desenhe dois olhos e um sorriso na cabeça dos animais.
6. Conversem sobre o fato de como Deus protegeu os caracóis e as tartarugas com conchas e carapaças bem duras. Conversem ainda sobre como Deus ajuda os outros animais a se protegerem também.

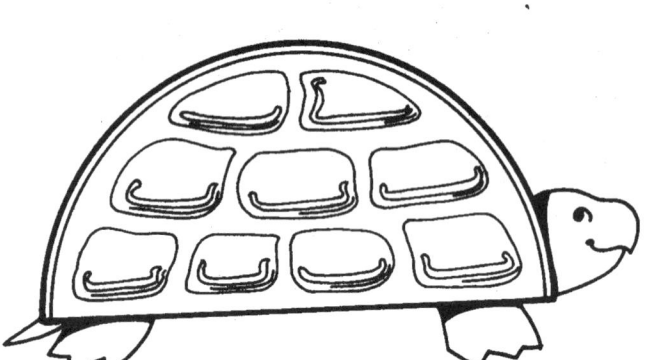

Sugestão
1. Use fios de lã para fazer as "casas" da tartaruga e do caracol.
2. Use cartolina para fazer os quadrados da carapaça da tartaruga.
3. Use um prato inteiro para fazer a tartaruga. Corte e cole a cabeça, as quatro pernas e a calda no prato e desenhe os quadrados na parte de trás do prato.

OS COLABORADORES DE DEUS
Joaninha e Aranha

História Bíblica
A criação (Gênesis 1)

Material
Prato de papel
Giz de cera ou pincel atômico preto, branco e laranja
Cartolina preta e branca
Tesoura
Cola
Fio de lã

Instruções
1. Escolha o inseto que deseja confeccionar.
2. Para fazer a joaninha, pinte o verso do prato de laranja e acrescente algumas manchas pretas. Faça a cabeça do inseto de cartolina preta e desenhe os olhos (dois círculos) com giz de cera branco. Para as pernas, corte seis tiras curtas de cartolina preta; em cada tira, faça uma dobra para formar o "joelho" e outra para o "pé". Corte duas tiras fininhas para serem as antenas. Cole a cabeça, as pernas e as antenas no prato de papel.
3. Para confeccionar a aranha, pinte o verso do prato de cinza ou marrom. Corte oito tiras longas de papel construtivo preto; faça várias pregas nas tiras e cole-as em volta do prato como se fossem pernas. Para os olhos, corte duas tiras ovais de papel branco e desenhe uma manchinha preta em cada uma. Dobre uma das pontas das tiras e cole-as no verso do prato.
4. Perfure o centro da joaninha ou da aranha, prenda um fio de lã e pendure o insetinho rastejante.
5. Conversem sobre o fato de Deus ter criado as joaninhas e as aranhas para nos ajudarem.

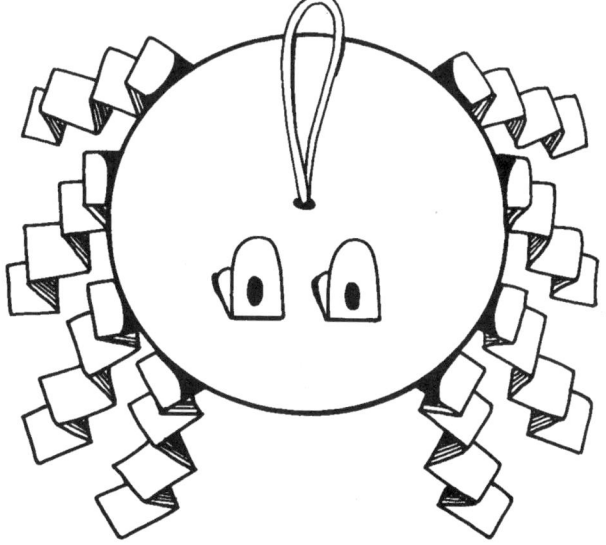

Sugestões
1. Faça as pernas e antenas com fios de lã preta.
2. Faça as manchas da joaninha de cartolina preta.

NO FUNDO DO MAR
Polvo e Medusa e água viva

História Bíblica
A criação (Gênesis 1)

Material
Prato de papel
Tesoura
Giz de cera e pincel atômico de várias cores
Tiras de papel crepom
Cola
Furador de papel
Fio de lã

Instruções
1. Corte o prato ao meio.
2. Desenhe olhos e um sorriso em uma das metades; o lado curvo do papel deve ficar para cima.
3. Cole as tiras de papel crepom na parte reta do prato. (Faça oito braços cinzas ou pretos para o polvo; use cores mais claras para os tentáculos da medusa.)
4. Perfure o topo do prato e amarre um fio de lã.
5. Pendure a criatura marinha e conversem sobre outros animais grandes, (colossais) que Deus colocou nos mares.

Sugestões
1. Procure fotos de criaturas marinhas e confeccione outros animais nos pratos de papel.
2. Faça um mural com os animais e intitule-o de "Criaturas Marinhas de Deus".

DEUS ME FEZ ESPECIAL
Fantoche de palito de sorvete

História Bíblica
Deus cria Adão e Eva (Gênesis 1.26-31)

Material
Prato de papel de tamanho médio
Pincel atômico de diversas cores
Lápis
Fios de lã de várias cores
Tesoura
Cola
Palito de sorvete

Instrução
1. Use o lápis para desenhar seus olhos, nariz e boca no prato.
2. Se desejar, pinte o fundo do prato. Faça sobrancelhas e cílios com pedacinhos de fios de lã.
3. Escolha fios de lã da cor de seus cabelos, corte vários pedaços e cole-os no prato. (Se quiser marias-chiquinhas, faça um furo em cada lado do prato, enfie vários fios de lã e dê um nó).
4. Cole um palito de sorvete no verso do prato.
5. Escreva no palito, com o pincel atômico: "Deus me fez especial".

Sugestões
1. Se alguma criança tiver dificuldade em trabalhar com pedaços pequenos de lã, mande que desenhe o rosto com o pincel atômico ou giz de cera.
2. Acrescente detalhes com retalhos de pano, fita de seda ou cartolina.
3. As crianças maiores poderão costurar os fios de cabelo com agulha de tapeçaria.
4. Confeccione diferentes personagens para dramatizar histórias bíblicas.

10 UM ARCO-ÍRIS NO CÉU
Um quadro

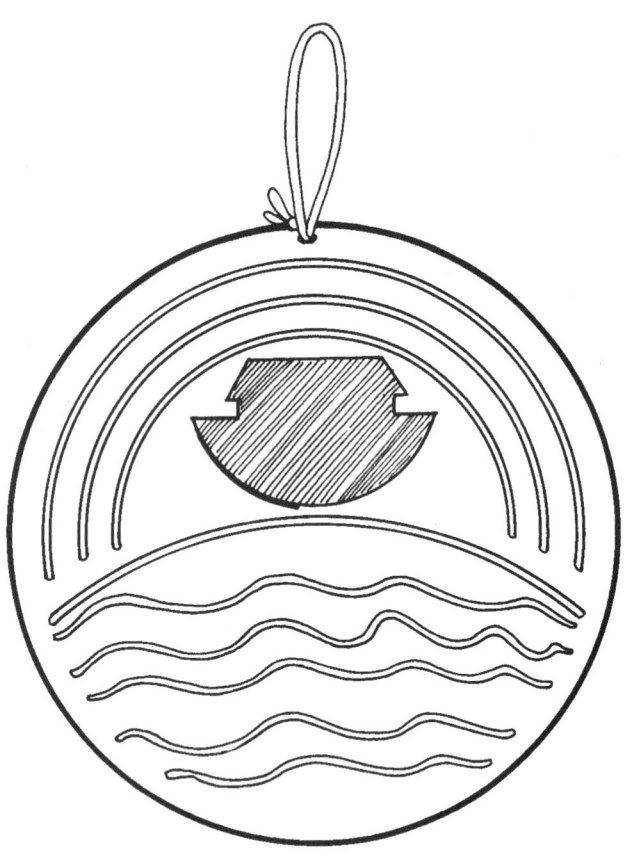

História Bíblica
A arca de Noé (Gênesis 6-8)

Material
Cartolina Marrom
Lápis
Tesoura
Fios de lã azul, amarela e outras cores
Prato de papel
Cola
Furador de papel

Instruções
1. Desenhe e recorte uma arca em cartolina marrom.
2. Corte um pedaço de fio de lã marrom e cole-o no meio do prato como se fosse o cume de um monte.
3. Cole a arca logo acima do fio de lã.
4. Cole vários pedaços de fio de lã azul em volta e abaixo da montanha como se fossem ondas de água.
5. Corte alguns pedaços de fios de lã nas cores do arco-íris e cole-os acima da arca.
6. Perfure o topo do prato, amarre um pedaço de fio de lã e pendure-o em lugar visível para sempre se lembrar de que assim como Deus cuidou de Noé, Ele cuida de você também.

Sugestões
1. Pinte o arco-íris e a arca com giz de cera e cubra-os levemente de azul (use tinta diluída em água ou lápis de cor).
2. Faça a água e o arco-íris de papel de seda (ou semelhante) colorido.
3. Antes de colar os fios de lã, desenhe o arco-íris e a água com pincel atômico.

NO BALANÇO DAS ONDAS
Moisés no Cestinho

História Bíblica
O nascimento de Moisés (Êxodo 2.1-10)

Material
Prato de papel
Tesoura
Pincel atômico
Esponja
Vasilha para tinta
Tinta de carimbo (laranja ou marrom)
Um bloco (de joguinho de montar)
Retalhos de tecido
Cola
Fio de lã azul

dobre aqui

Instruções
1. Dobre o prato de papel no meio.
2. Risque uma linha 4cm abaixo da dobra do prato; este espaço será o topo da cesta.
3. De acordo com o molde ao lado, desenhe o bebê Moisés acima da linha riscada. Certifique-se de que parte da cabeça e do corpo do bebê toquem a dobra do prato.
4. Corte a cabeça e o corpo como ilustrado.
5. Desenhe o rosto de Moisés.
6. Coloque a esponja numa vasilha e derrame um pouco de tinta marrom ou laranja em cima.
7. Com o bloco, desenhe quadradinhos do lado de fora do prato e deixe secar.
8. Com os retalhos de tecido, faça um cobertorzinho para Moisés.
9. Cole pedaços de fios de lã azul logo abaixo dos quadradinhos imitando ondas mansas.
10. Balance o prato para frente e para trás fazendo de conta que o bebê Moisés está sendo embalado pelas águas do rio a espera de que a filha de Faraó venha e o encontre. Sempre que olhar para o nenê no cestinho, lembre-se de que assim como Deus cuidou de Moisés há muito tempo, Ele também cuida de você hoje.

Sugestões
1. Use giz de cera ou pincel atômico em vez de tinta de carimbo para colorir o cestinho.
2. Cole papel marrom em cima do prato de papel.
3. Tinja pedaços de macarrão com anilina amarela e azul, deixe secar e cole-os no prato para fazer o cesto e a água.
4. Cole fios de lã verde em sentido vertical como se fossem plantas de junco.

12 A SAÍDA DO EGITO
Máscara de Moisés

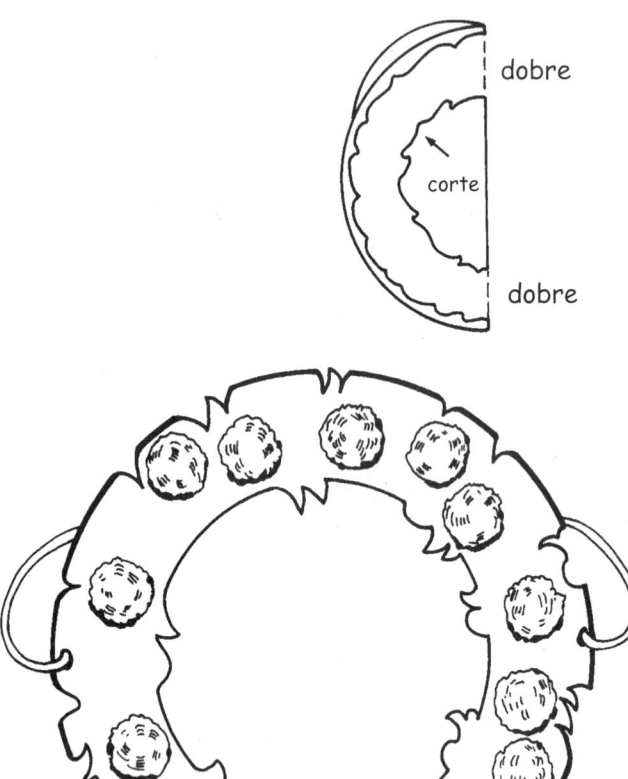

História Bíblica
Deus leva seu povo à Terra Prometida
(Êxodo e Deuteronômio)

Material
Prato de papel
Lápis
Tesoura
Furador de papel
Elástico
Bolas de algodão
Cola

Instruções
1. Dobre o prato de papel ao meio.
2. Com o lápis, desenhe o cabelo e a barba de Moisés em um dos lados do prato.
3. Recorte o rosto e o cabelo, mantendo o prato dobrado.
4. Desdobre o prato e faça um furo em cada lado do prato.
5. Corte pedaços de elástico do mesmo tamanho para cada criança e amarre-os nos lados da máscara.
6. Cole bolas de algodão na máscara para fazer a barba e o cabelo.
7. Use a máscara e deixe que Moisés lhe conte como Deus o ajudou a guiar o povo de Israel à Terra Prometida.

Sugestões
1. Adapte a máscara para outros personagens bíblicos.
2. Pinte a barba e o cabelo com giz de cera ou pincel atômico.
3. Em vez de elástico, use fio de lã.

O CÂNTICO DE MIRIÃ
Louve a Deus com um tamborim

História Bíblica
O cântico de Miriã (Êxodo 15.19-21)

Material
Dois pratos de papel
Pincel atômico de várias cores
Furador de papel
Fio de lã
Fita adesiva
Grãos de feijão

Instruções
1. Decore o lado de fora dos pratos de papel. Escreva "Cante ao Senhor" no lado decorado de um dos pratos; desenhe linhas onduladas imitando as águas do Mar Vermelho no lado de fora dos dois pratos.
2. Junte os pratos e faça furos distantes 3cm uns dos outros em toda a volta.
3. Corte um fio de lã de mais ou menos 60cm; dê um nó em uma das pontas; enrole fita adesiva na outra ponta como se fosse uma agulha.
4. Costure ao redor dos pratos. Antes de dar o nó final, coloque um punhado de grãos de feijão dentro dos pratos.
5. Cante louvores ao Senhor acompanhado ao tamborim.

Sugestões
1. Decore os pratos com figuras dos israelitas atravessando o mar Vermelho.
2. Escreva seu hineto favorito nos pratos.
3. Decore o tamborim com tiras de papel crepom.
4. Grampeie ou cole os pratos um no outro.
5. Para as músicas de Natal, coloque sininhos ou tampinhas (de metal) de garrafas de refrigerante dentro dos pratos.

14 — O MANÁ QUE VEIO DO CÉU
Um cestinho trançado

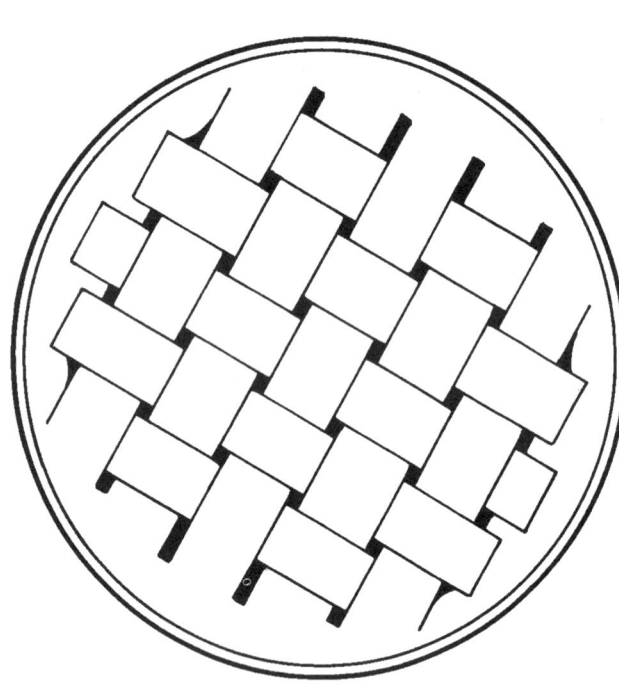

História Bíblica
Deus envia maná para os israelitas (Êxodo 16)

Material
Prato de papel
Tesoura
Cartolina
Cola
Pedaços de chocolate branco, de maria-mole, de biscoito cream cracker ou de pão de forma ou bala de goma branca

Instruções
1. Corte linhas paralelas distantes 3cm umas das outras no círculo interno do prato.
2. Faça tiras de cartolina de uma só cor ou de várias cores.
3. Entrelace horizontalmente uma tira de papel nas linhas do prato. Corte as sobras e cole as pontas no prato.
4. Entrelace outra tira em sentido alternado da primeira e assim por diante, até que o prato esteja todo coberto.
5. Coloque pedaços de chocolate branco (ou outro alimento) no prato e faça de conta que está comendo maná.

Sugestões
1. Se quiser um desenho mais interessante, use tiras de cores e tamanhos diferentes.
2. Alterne tiras de papel com fita de seda.
3. Cole bolinhas de papel branco ou de isopor no prato para imitar o maná.

CÂNTICOS DE LOUVOR
A harpa de Davi

História Bíblica
Davi toca para Saul (1Samuel 16.14-23)

Material
Prato de papel
Tesoura
Régua
Fio de lã
Lápis
Pincel atômico ou giz de cera
Furador de papel
Fita adesiva

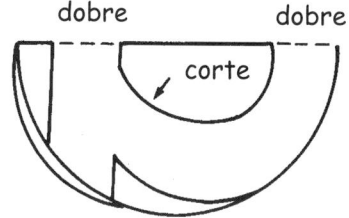

Instruções
1. Dobre o prato ao meio. Desenhe metade da harpa conforme a ilustração.
2. Segure bem as metades dobradas e recorte o contorno da harpa.
3. Abra o prato e escreva "Louvai ao Senhor" na parte reta da harpa; decore com notas musicais.
4. Com a régua, faça marcas de linhas paralelas, distantes 1 ou 2 cm umas das outras, nas partes de cima e debaixo da abertura da harpa.
5. Com o furador de papel, perfure as marcas.
6. Corte um fio longo de lã. Faça um nó em uma das pontas; enrole fita adesiva na outra ponta como se fosse uma agulha.
7. Passe o fio de lã por um orifício superior, puxe-o até o orifício inferior, atravesse-o e enfie a "agulha" no orifício ao lado. Leve o fio para outro orifício superior e continue o processo até que todas as cordas tenham sido colocadas na harpa. Prenda a ponta do fio de lã na parte de trás da harpa com fita adesiva ou cole-o, se preferir.
8. Cante louvores a Deus com sua harpa.

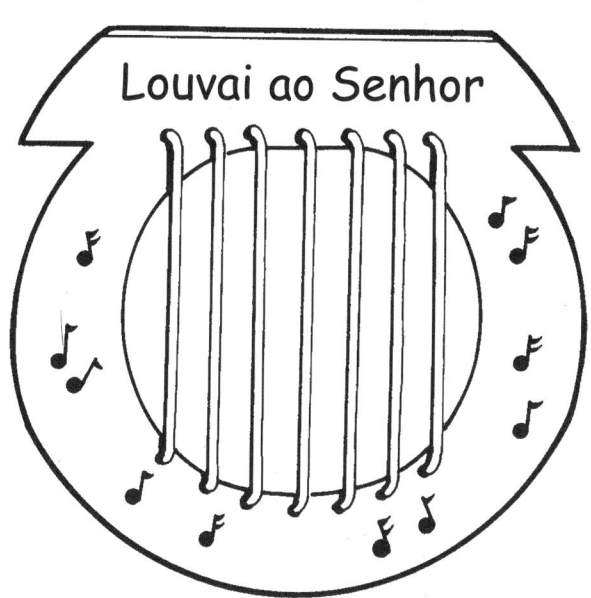

Sugestões
1. Recorte o contorno da harpa e desenhe o centro e as cordas.
2. Use agulha de tapeçaria para perfurar os orifícios e passar o fio de lã.

16 JÔNATAS E DAVI
Fantoches que ficam em pé

História Bíblica
Jônatas e Davi (1Samuel 20)

Material
Prato de papel
Tesoura
Grampeador
Retalhos de tecido
Cola
Pincel atômico
Dois canudos de refrigerante

Instruções
1. Corte o prato ao meio para fazer dois fantoches.
2. Faça um cone com cada metade e grampeie.
3. Trace uma linha separando a cabeça e o corpo do fantoche.
4. Para a roupa, corte retalhos de tecido e cole-os no corpo do fantoche.
5. Desenhe o rosto e o cabelo.
6. Com a tesoura, faça orifícios nas laterais do fantoche.
7. Atravesse um canudo de lado a lado dos orifícios e apare as sobras. Estão feitos os braços do boneco.
8. Use os dois fantoches para dramatizar a história.

Sugestões
1. Confeccione mais um fantoche para ser o rei Saul.
2. Em vez de usar tecido, desenhe a roupa com pincel atômico ou giz de cera.
3. Cole um canudo ou palito de sorvete dentro do fantoche para segurá-lo na mão.

MEU BOM PASTOR
A ovelhinha de Jesus

História Bíblica
O Senhor é meu Pastor (Salmo 23)

Material
Cartolina branca
Tesoura
Pincel atômico
Prato de papel
Cola
Cartolina preta
Bolas de algodão
Clipe de papel
Fita adesiva (opcional)

Instruções
1. Desenhe e recorte uma forma oval de cartolina branca. Desenhe um olho e boca com o pincel atômico. Cole a cabeça no prato de papel, conforme a ilustração.
2. Recorte uma orelha e quatro pernas de cartolina preta e cole-as no prato.
3. Cole bolas de algodão no prato e na cabeça.
4. Prenda o clipe com fita adesivo ou cole-o nas costas da ovelha. Pendure a ovelhinha em lugar bem visível para que ela seja um lembrete de que Jesus, o Bom Pastor, está sempre cuidando de você.

Sugestão
1. Em vez de bolas de algodão, enrole tiras de tecido branco para cobrir a ovelhinha.
2. Como um projeto único da classe, faça um mural de rebanho de ovelhas; se quiser, cole as ovelhas numa folha de papel cartão. Escreva o título: "Sou uma ovelhinha de Jesus".
3. Use a ovelha ao contar a história de Davi e suas ovelhinhas ou as parábolas de Jesus sobre as ovelhas e pastores.

O CORVO QUE TROUXE COMIDA
Fantoche de palito de sorvete

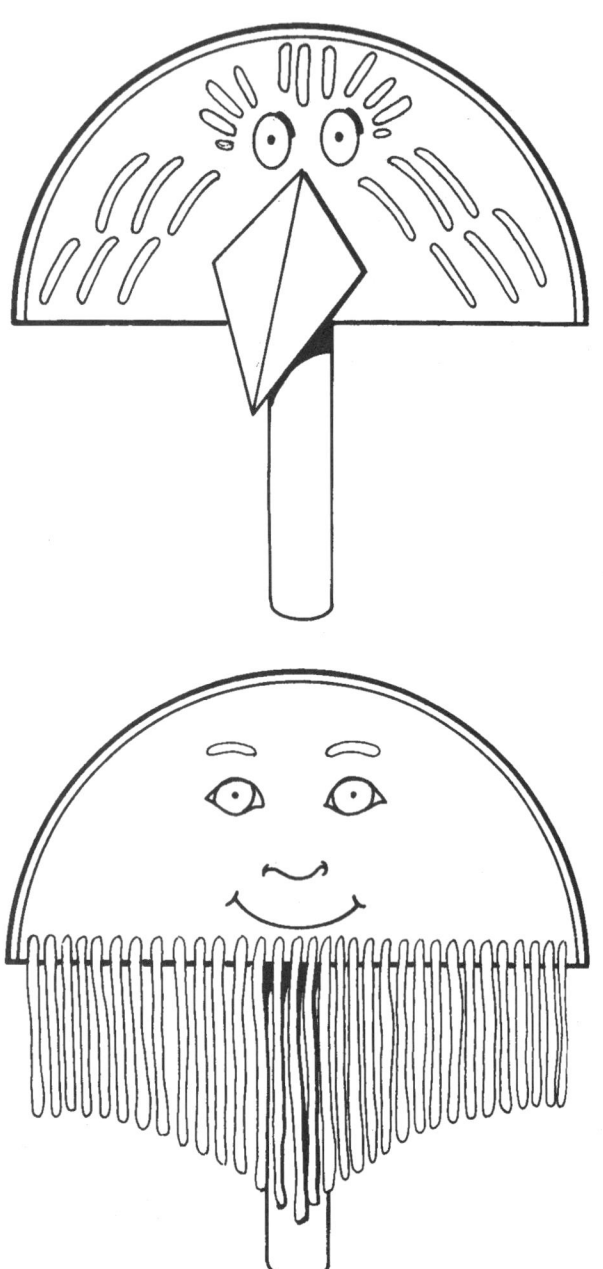

História Bíblica
Elias é alimentado pelos corvos (1Reis 17.1-6)

Material
Prato de papel
Tesoura
Pincel atômico ou giz de cera
Cartolina marrom
Cola
Fio de lã preta
Dois canudos de refrigerante ou palitos de sorvete
Fita adesiva (opcional)

Instruções
1. Corte o prato ao meio.
2. Com o pincel atômico, desenhe os olhos do corvo em uma das metades do prato.
3. Faça um quadrado de cartolina, dobre-o ao meio (fazendo um bico) e cole-o abaixo, no rosto do corvo.
4. Corte pedaços pequenos de lã preta e cole-os como se fossem as penas do corvo.
5. Desenhe o rosto de Elias na outra metade do prato.
6. Corte pedaços compridos de lã preta e cole-os no rosto de Elias como se fossem uma barba.
7. Cole um canudo ou palito de sorvete nas costas de cada fantoche. Se necessário, prenda com fita adesiva.
8. Use os fantoches para contar a história de como os corvos alimentaram Elias com pão e carne.

Sugestões
1. Para fazer as penas do corvo e a barba de Elias, use cartolina preta em vez de lã.
2. Faça as penas e a barba com pincel atômico ou giz de cera.
3. Use os fantoches para ilustrar outras histórias da Bíblia.

DEUS ENVIA CHUVA
Uma colagem de nuvem

19

História Bíblica

Elias e os profetas de Baal (1Reis 18)

Material

Prato de papel
Tesoura
Pincel atômico ou giz de cera de diversas cores
Fio de lã azul
Cola
Fita adesiva (opcional)
Bolas de algodão
Furador de papel

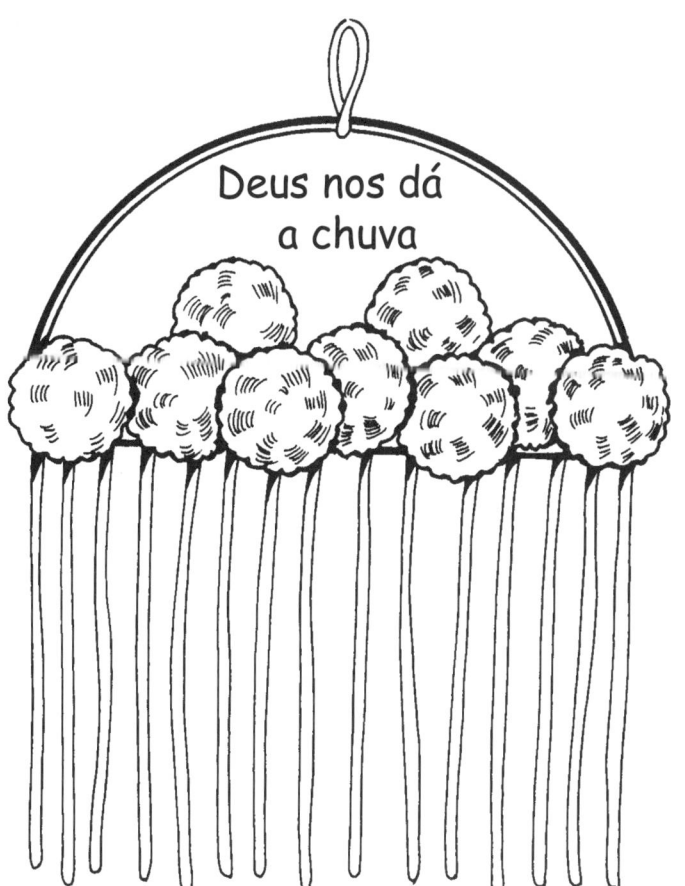

Instruções

1. Corte o prato ao meio. Escreva a frase "Deus nos dá a chuva" na beirada de trás de uma das metades do prato.
2. Corte pedaços de lã de 10-15 cm e cole-os ao longo do verso do prato, como se fossem chuva caindo. Segure os fios com fita adesiva, se necessário.
3. Cole a outra metade do prato no verso da primeira metade.
4. Cole bolas de algodão no prato da frente.
5. Perfure o topo dos pratos e amarre um fio de lã no orifício.
6. Pendure o projeto em lugar visível para não se esquecer de que a chuva é um presente de Deus.

Sugestões

1. Use fitinha ou franja de seda em vez de fio de lã.
2. Use apenas uma das metades do prato, com ou sem a frase.
3. Junte várias nuvens para fazer um mural de nuvens carregadas, ou, sobrepondo vários pratos, construa uma nuvem longa prometendo chuva.

20 A RODA DE EZEQUIEL
Uma roda tecida

História Bíblica
A visão de Ezequiel (Ezequiel 1.4-28)

Material
Prato de papel
Tesoura
Régua
Lápis
Furador de papel
Fio de lã de cores vivas
Fita adesiva

Instruções
1. Corte fora a borda do prato de papel.
2. Usando a régua, marque um número ímpar de espaços, distantes de1 a 2cm uns dos outros, em toda a volta do prato.
3. Com o furador de papel, perfure os espaços marcados.
4. Dê um nó em uma das pontas de um fio de lã bem comprido. Enrole fita adesiva na outra ponta como se fosse uma agulha. Puxe o fio por um orifício, estenda-o por cima do prato e enfie a agulha no orifício oposto. A seguir, enfie a "agulha" no orifício ao lado, por baixo, e leve o fio de lã até o orifício oposto. Repita o processo até que todos os orifícios estejam ligados.
5. Leve a última puxada ao centro e amarre o fio em volta de todos os outros. Deixe a ponta solta atrás do prato.
6. Começando pelo centro, teça o fio em volta por baixo e por cima dos fios cruzados. Ao trocar os fios, deixe as pontas soltas atrás do prato. Quando terminar, entrelace as pontas soltas no verso da trama.
7. Retire a roda trançada do prato de papel e, se desejar, faça uma franja na ponta de fora de cada laçada.
8. Deus mandou Ezequiel transmitir uma mensagem ao povo. Sempre que olhar para a roda tecida com lã, lembre-se de falar aos outros sobre o amor divino e redentor de Jesus Cristo.

Sugestões
1. Deixe a roda no prato de papel e escreva "Ezequiel viu a roda" em toda sua volta.
2. Use fios de lã amarela e laranja e confeccione um sol para ilustrar uma lição sobre a criação do mundo.
3. Use a roda tecida para explicar a existência eterna de nosso Deus.

DANIEL E O LEÃO
Máscara de prato de papel

História Bíblica
Daniel na cova dos leões (Daniel 6)

Material
Dois pratos de papel
Tesoura
Cartolina laranja e marrom
Cola
Pincel atômico ou giz de cera
Furador de papel
Fio de lã

Instruções
1. Fure olhos nos dois pratos.
2. Faça duas orelhas e um nariz retangular de papel marrom para o leão e cole-os em um dos pratos. Desenhe a boca do leão com pincel atômico ou giz de cera.
   Corte tiras de papel laranja e cole-as ao redor do prato como se fossem a juba do leão.
3. Desenhe os olhos, o nariz e o sorriso de Daniel no outro prato. Corte tiras de papel marrom para fazer o cabelo e a barba de Daniel.
4. Perfure os dois lados dos pratos e amarre um pedaço de lã em cada orifício.
5. Use as máscaras para contar a história de Daniel na cova dos leões.

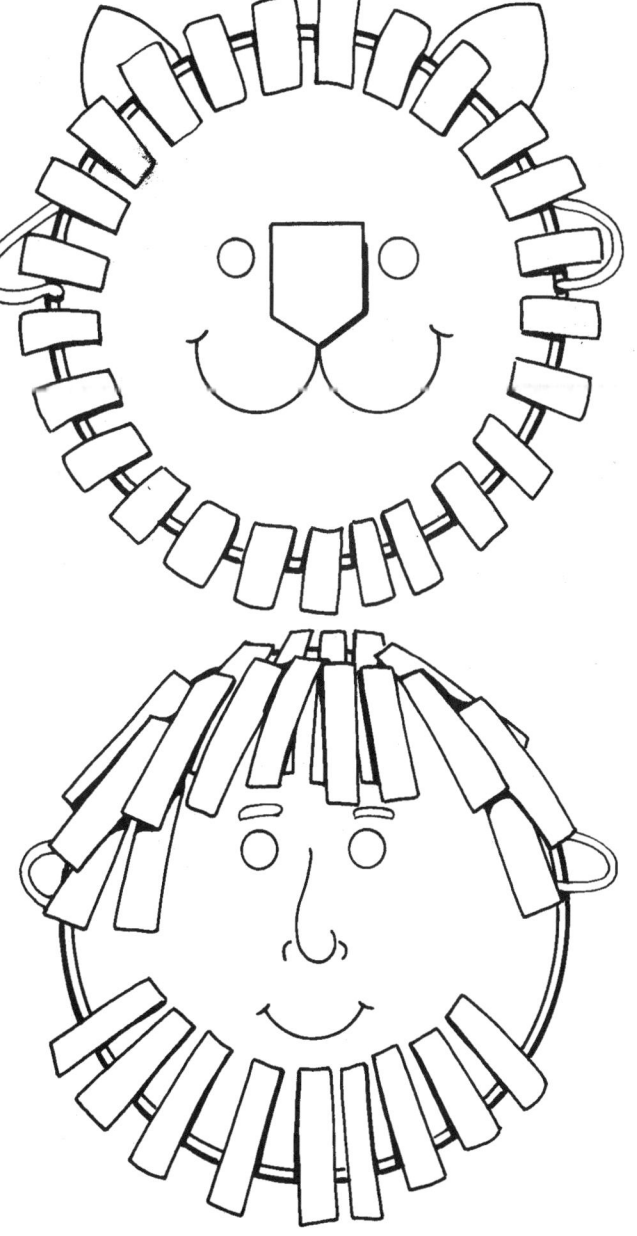

Sugestões
1. Em vez de cartolina, use fio de lã para fazer a juba do leão e o cabelo de Daniel.
2. Faça também a máscara do rei Dario.
3. Use as máscaras para dramatizar outras histórias da Bíblia.
4. Enfeite uma parede com as máscaras.

RAINHA ESTER
Fantoche de palito de sorvete

História Bíblica
Deus ajuda Ester a salvar seu povo (Ester)

Material
Prato de papel
Tesoura
Grampeador
Pincel atômico
Papel sulfite ou cartolina amarela e marrom
Cola
Papel alumínio
Canudo de refrigerante ou palito de sorvete
Fita adesiva

Instruções
1. Corte uma linha da beirada até o centro do prato.
2. Vire o prato para trás, cruze as beiradas cortadas – formando um cone – e grampeie.
3. Desenhe olhos, nariz e boca na parte externa do cone.
4. Corte tiras de cartolina e enrole-as em torno do lápis para as encaracolar. Cole as tiras no prato como se fossem cabelos.
5. Faça uma coroa com papel amarelo e cole-a na cabeça do fantoche.
6. Enfeite a coroa com papel alumínio picado.
7. Cole o canudo ou o palito de sorvete no verso do prato.
8. Deixe que a rainha Ester conte como Deus a usou para livrar seu povo da morte.

Sugestões
1. Faça os cabelos com fio de lã.
2. Enfeite a coroa com cartolina picada de várias cores.
3. Enfeite a coroa com pedaços de papel de seda amassado.
4. Faça um furo no topo e outro na base do cone e passe o canudo por eles.
5. Faça mais fantoches com palitos de sorvete para contar histórias com outros personagens e animais da Bíblia.

PREPARE-SE PARA RECEBER JESUS
Guirlanda de Natal

História Bíblica
Zacarias recebe a visita de um anjo
(Lucas 1.5-25)

Material
Prato de Papel
Tesoura
Papel de seda verde
Cola
Lápis
Cartolina azul, rosa e amarela

Instruções
1. Retire o centro do prato, mas deixe as bordas inteiras.
2. Corte quadrados de papel de seda verde e cole-os em toda a borda do prato. As crianças mais velhas podem colocar um lápis no centro dos quadrados e enrugar o papel em volta dele. As crianças menores podem simplesmente amassar os quadrados formando pequenas bolas e colá-las na guirlanda.
3. Corte três retângulos de papel azul e um de papel rosa para fazer as velas. Corte uma aba de 2cm, mais ou menos, na base de cada vela, dobre-a e cole as velas na guirlanda.
4. Faça quatro chamas de papel amarelo. No início de cada semana de dezembro cole uma chama em uma vela.

Sugestões
1. Faça a guirlanda com prato de papel verde.
2. Se quiser pendurar a guirlanda, substitua as velas por bolas de papel de seda imitando frutinhas silvestres. Enfeite a guirlanda com um laço de seda ou de lã.
3. Cubra a guirlanda com papel de seda verde picado. Tinja conchinhas de macarrão com anilina vermelha e cole-as na guirlanda como se fossem frutinhas silvestres.

24 UM ANJO DECORATIVO
Fantoche com asas de mãos

História Bíblica
Maria recebe a visita de um anjo (Lucas 1.26-38)

Material
Prato de papel
Tesoura
Grampeador
Lápis
Pincel at
Cola
Cartolina
Glitter (pó de brilho)

Instruções
1. Corte o prato de papel no meio. Guarde uma metade para outro projeto.
2. Faça um cone com a outra metade e grampeie.
3. Risque uma linha para separar a cabeça do corpo; desenhe o rosto e o cabelo do anjo.
4. Recorte uma toalhinha de papel rendado e cole-a em volta do corpo do anjo.
5. Desenhe duas mãos na cartolina e recorte-as.
6. Faça espirais com a cola nas mãos e polvilhe glitter por cima.
7. Cole as mãos nas costas do anjo como se fossem asas.
8. Enfeite uma mesa com o anjo, coloque-o no topo da árvore de Natal ou use-o para decorá-la.

Sugestões
1. Pinte o anjo com pincel atômico ou giz de cera.
2. Enfeite o manto do anjo com glitter ou lantejoulas. Faça o cabelo de fio de lã, grinalda ou franja de seda.
3. Cubra as asas com papel rendado.
4. Cubra completamente as mãos com cola e mergulhe-as no glitter.
5. Use o anjo ao contar outras histórias bíblicas que falem sobre anjos.

FELIZ ANIVERSÁRIO, JESUS
Guirlanda de lã

História Bíblica
O nascimento de Jesus (Lucas 2.1-7)

Material
Prato de papel
Tampa de plástico
Furador de papel
Cola
Tesoura
Pincel atômico de várias cores
Fio de lã verde e vermelha

Instruções
1. Retire o centro do prato, mas deixe a borda inteira. Use uma tampa redonda para desenhar um círculo menor no centro do prato; corte o círculo fora.
2. Escreva "Feliz aniversário, Jesus" no círculo menor, faça um furo no topo e amarre um fio de lã.
3. Amarre um pedaço comprido de fio de lã verde na borda do prato e enrole-o em toda sua volta, cobrindo-a bem; termine com um nó.
4. Cole pequenos círculos (ou espirais) de fio de lã vermelha na guirlanda para imitar frutinhas silvestres.
5. Faça um laço de fio de lã e cole-o na base da guirlanda.
6. Faça um furo na parte de baixo da borda superior e, com um fio de lã, pendure o círculo menor.
7. Cole uma laçada de fio de lã no topo da guirlanda.
8. Pendure a guirlanda em lugar visível e celebre o aniversário de Jesus.

Sugestões
1. Faça a guirlanda de prato de papel verde.
2. Use glitter, fio de lã e lantejoulas para enfeitar a guirlanda.
3. Corte fora o centro de uma tampa de plástico. Enrole um fio de lã no círculo externo e confeccione um pequeno ornamento para a árvore.

26 CELEBREMOS O ANIVERSÁRIO DE JESUS
Chapeuzinho de festa

História Bíblica
Jesus nasceu (Lucas 2.1-7)

Material
Prato de papel
Tesoura
Grampeador
Adesivos
Pincel atômico ou giz de cera de várias cores
Fio de lã

Instruções
1. Corte uma "fatia de torta" do prato de papel para fazer um chapéu em forma de cone. Meça o chapéu na cabeça da criança que irá usá-lo, mas não grampeie ainda.
2. Abra o chapéu e enfeite-o com adesivos e pincel atômico. Escreva "Feliz aniversário, Jesus" ou outra frase apropriada.
3. Corte pedaços curtos de fio de lã, amarre-os pelas pontas e grampeie o molho à ponta do chapéu.
4. Cruze as beiradas inferiores do cone e grampeie.
5. Faça um furo de cada lado da base do chapéu e amarre um fio de lã.
6. Use o chapéu na festa de aniversário de Jesus.

Sugestões
1. No lugar de adesivos, enfeite o chapéu com pedaços de cartolina.
2. Estampe o chapéu com carimbos de borracha.

JESUS NASCEU
Enfeite pespontado

História Bíblica
A história do Natal (Lucas 1.26 – 2.20)

Material
Prato de papel ou isopor
Pincel atômico de várias cores
Caneta
Fio de lã
Fita adesiva

Instruções
1. Desenhe uma cena da história de Natal no prato.
2. Perfure com a caneta todo o contorno do desenho. Os furo devem ficar mais próximos uns dos outros nas linhas curvas e mais distantes nas linhas retas.
3. Corte um pedaço de fio de lã de 60 cm mais ou menos; dê um nó em uma das pontas e enrole fita adesiva na outra como se fosse uma agulha.
4. Pesponte o desenho.
5. Enfeite uma parede com seu quadro.

Sugestões

1. Deixe que cada criança ilustre uma parte da história do Natal. Enfeite a classe com os pratos na seqüência dos acontecimentos.
2. Recorte uma figura de um cartão de Natal ou da revista da EBD e cole-a no prato; perfure todo o contorno da figura e pesponte.
3. Use esta mesma técnica para ilustrar outras histórias da Bíblia.

UM PRESENTE PARA JESUS
Fantoche de saco de papel

História Bíblica
A visita dos magos (Mateus 2.1-12)

Material
Um saco de papel
Pincel atômico ou giz de cera
Dois pratos de papel
Cola
Tesoura
Retalhos de tecido
Correntinha dourada, incenso ou vidro de perfume (opcional)

Instruções
1. Desenhe um rosto na parte mais lisa do saco de papel, cuja abertura deve ficar para cima.
2. Cole o saco de papel em um dos pratos, conforme ilustrado, como se fosse um turbante.
3. Corte o outro prato no meio. Cole uma metade na base do rosto como se fosse um manto.
4. Cubra o manto e o turbante com retalhos de tecido.
5. Deixe que um dos sábios conte sobre a viagem que fez em busca do menino Jesus. Coloque a correntinha, o incenso ou o perfume dentro do saco de papel. Enquanto o sábio explica como entregou seu presente a Jesus, retire o objeto do recipiente. Diga que presente você pode oferecer a Jesus como prova de seu amor por ele.

Sugestões
1. Enfeite o prato com desenhos feitos com pincel atômico ou giz de cera.
2. Faça um manto de papel e cole-o logo abaixo do rosto.
3. Confeccione outros sábios e dramatize a história de Natal. (A Bíblia não diz quantos sábios foram em busca de Jesus. Faça, portanto, quantas máscaras quiser e seu dinheiro permitir).

VIMOS SUA ESTRELA
Um projeto de tapeçaria

História Bíblica
A visita dos sábios (Mateus 2.1-12)

Material
Prato de papel ou isopor
Régua
Lápis
Fio de lã amarela
Agulha de tapeçaria
Tesoura

Instruções
1. Com a régua e o lápis faça marcas distantes 2.5cm umas das outras em toda a borda interna do prato.
2. Enfie um pedaço de lã (60cm mais ou menos) na agulha e dê um nó em uma das pontas.
3. Enfie a agulha em uma das marcas – com o nó no verso do prato –, puxe o fio, e enfie agulha na marca oposta. Repita o processo, levando a agulha de uma marca para a que estiver do lado oposto. Costure até que todas as marcas tenham sido trabalhadas.
4. Amarre uma laçada de fio de lã no prato e pendure sua estrela de Belém.

Sugestões
1. Perfure a borda do prato de isopor com o lápis. Enrole fita adesiva em uma ponta do fio de lã como se fosse uma agulha.
2. Para obter um efeito mais interessante, use fios de lã de cores diferentes.
3. Use o trabalho para contar outras histórias que falem de estrelas, como a da promessa que Deus fez a Abraão sobre seus descendentes, por exemplo.
4. Junte várias estrelas e crie um mural sobre a criação do mundo.
5. Teça a partir do centro do prato para ilustrar "Jesus, nosso Sol da Justiça".

O BATISMO DE JESUS
Móbile de pombinha

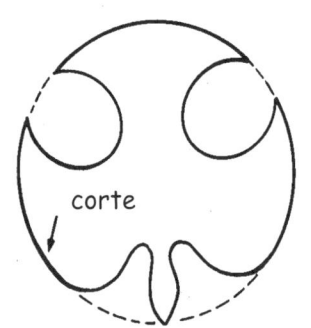

História Bíblica
O batismo de Jesus (Mateus 3.13-17)

Material
Prato de papel
Lápis
Tesoura
Bolinhas ou pedacinhos de isopor
Cola
Furador de papel
Fio de lã

Instruções
1. Copie o molde ao lado e faça o contorno de uma pomba no prato e depois recorte.
2. Cole as bolinhas de isopor nos dois lados da pombinha.
3. Perfure a calda da avezinha, amarre um fio de lã e pendure o móbile.
4. Se você já foi batizado, agradeça a Deus por isso.

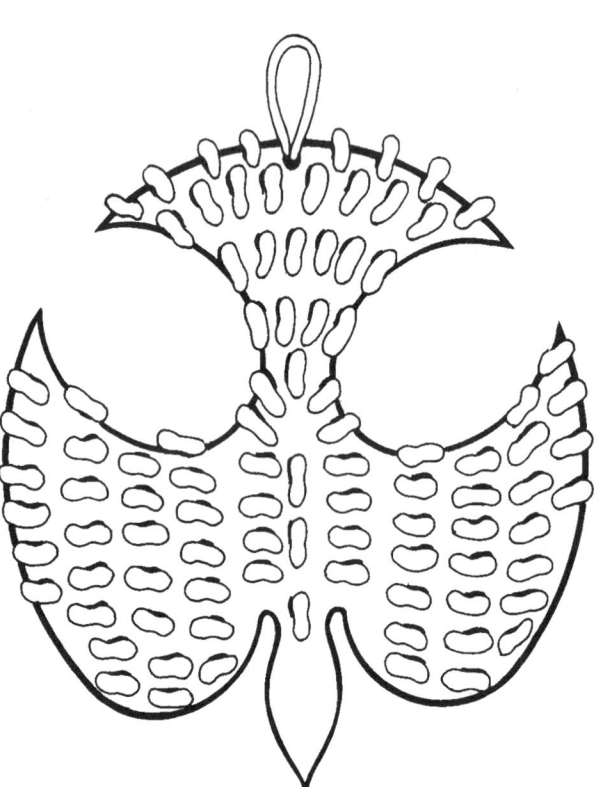

Sugestões
1. Use a pomba para ao contar a história da arca de Noé ou do Dia de Pentecostes.
2. Escreva a data de seu batismo na pombinha. Pendure o móbile em seu quarto para nunca se esquecer do dia em que, como filho de Deus, você foi batizado.
3. Cubra a pombinha com fio de lã branca ou papel de seda branco.

SEJAM PESCADORES DE HOMENS
Móbile de peixe

31

História Bíblica

Jesus chama Simão Pedro e André para serem pescadores de homens (Marcos 1.16-18)

Material

Prato de papel
Pincel atômico ou giz de cera de várias cores
Cartolina
Tesoura
Cola
Furador de papel
Fio de lã

Instruções

1. Use prato todo ou só uma metade para fazer o peixe. Desenhe os olhos e as escamas com pincel atômico ou giz de cera. Escreva "Sejam pescadores de homens" nos lados do peixe.
2. Faça as barbatanas e o rabo com cartolina e cole-os no peixe.
3. Faça um furo no topo do peixe e amarre o fio de lã.
4. Pendure o peixe em lugar visível para não se esquecer de falar aos outros sobre Jesus.

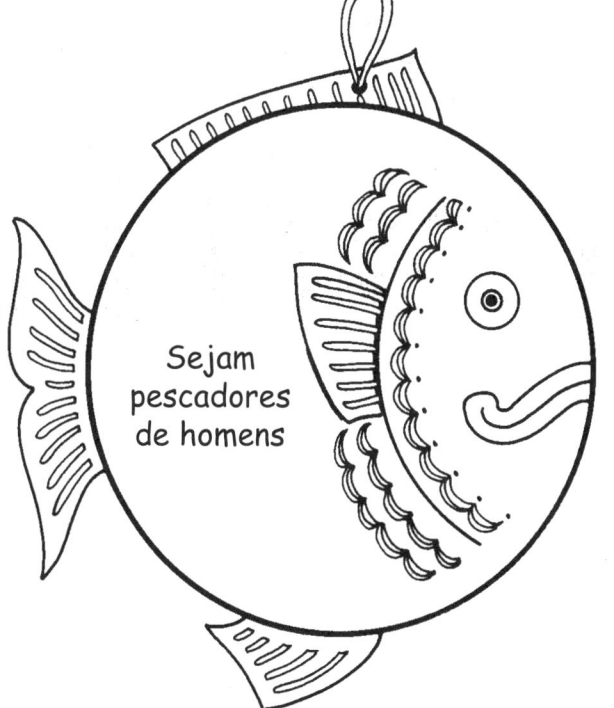

Sugestões

1. Faça as escamas de papel de seda colorido. Misture cola branca e água, umedeça levemente as escamas e cole-as nas barbatanas e no rabo do peixe.
2. Use fio de lã ou franjas de papel de seda para fazer as barbatanas e o rabo do peixe.
3. Desenhe os olhos e as escamas com giz de cera de cor clara e depois sombreie tudo com tinta guache de cor mais escura.
4. Use o móbile para contar outras histórias que falem de peixe, ou para construir um mural sobre a criação do mundo.

32 OS DISCÍPULOS
Máscaras dos ajudantes de Jesus

História Bíblica
Jesus envia seus discípulos a pregar (Mateus 10)

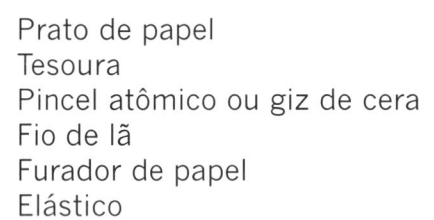

Material
Prato de papel
Tesoura
Pincel atômico ou giz de cera
Fio de lã
Furador de papel
Elástico

Instruções
1. Corte o prato ao meio; guarde uma metade para outro projeto.
2. Escolha um discípulo para ser representado pela máscara.
3. Faça dois furos para os olhos na máscara.
4. Desenhe a boca e o nariz com o pincel atômico ou giz de cera.
5. Cole pedaços de fio de lã na máscara para fazer a barba e o cabelo.
6. Faça um furo em cada lado da máscara.
7. Amarre um pedaço de elástico na máscara, de modo a servir na criança que a usará.
8. Deixe que o "discípulo" conte como ele ajudou Jesus em seu trabalho.

Sugestões
1. Em vez de elástico, use fio de lã ou pedaço de barbante para segurar a máscara.
2. Faça um fantoche, em vez de máscara. Desenhe os olhos e cole um palito de sorvete ou canudo de refrigerante no verso do prato
3. Faça o cabelo de cartolina.
4. Adapte para outros personagens ou animais da Bíblia.

É HORA DE ORAR
Relógio de oração

33

História Bíblica
A oração do Pai Nosso (Mateus 6.9-15)

Material
Prato de papel
Pincel atômico de várias cores
Cartolina
Tesoura
Grampo de metal

Instrução
1. Escreva os números do relógio na borda do prato.
2. Desenhe sua mão (com os dedos juntos) em um pedaço de cartolina e recorte.
3. Escreva na mão: "É Hora de Orar".
4. Com o grampo de metal, prenda a mão ao centro do prato.
5. Gire a mão pelo relógio enquanto fala sobre os motivos que temos para orar nas diferentes horas do dia.

Sugestões
1. Use o relógio ao ensinar outras lições sobre oração.
2. Escreva versículos de oração na mão do relógio.

34 DEUS CUIDA DE MIM
Pássaro de prato de papel

História Bíblica
Deus cuida dos passarinhos (Mateus 6.25-27)

Material
Cartolina de várias cores
Lápis
Tesoura
Pincel atômico
Prato de papel
Cola
Penas

Instruções
1. Desenhe um círculo em um pedaço de cartolina para fazer a cabeça da ave e recorte. Faça os olhos com pincel atômico. Centralize e cole o círculo no topo do prato.
2. Dobre um pedaço de papel ao meio e corte um triângulo; a base do triângulo deve ficar na dobra e formar um bico duplo. Cole a base do bico no rosto do pássaro; a parte superior do bico deve ficar solta. Faça os pés e cole-os na parte inferior do prato.
3. Escreva "Deus cuida de mim" no centro do prato.
4. Cole penas nos lados do pássaro. Pinte a avezinha da cor que preferir.

Sugestão
1. Em vez de usar penas, faça as asas de cartolina ou papel crepe amassado. As asas de algumas aves, como os pingüins e as corujas, ficam melhor se forem feitas de papel mais encorpado.
2. Crie diferentes espécies de aves e confeccione um mural sobre a criação do mundo.

DEUS CUIDA DE MIM
Flor de prato de papel

História Bíblica
Os lírios do campo (Mateus 6.28-34)

Material
Prato de papel
Pedaço de esponja
Água
Papel de seda de várias cores
Tesoura
Cartolina verde
Cola
Pincel atômico ou giz de cera de várias cores

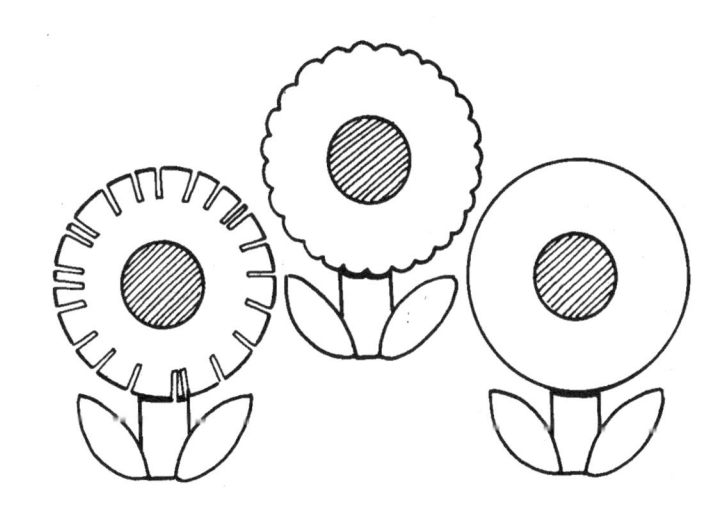

Instruções
1. Umedeça o prato com a esponja. Corte pedaços de papel de seda e coloque-os no prato. Deixe secar e então os retire; o prato ficará da cor do papel.
2. Deixe o prato inteiro ou corte-o no meio. Recorte a borda do prato no formato das pétalas da flor de sua preferência; veja modelos de flores ao lado.
3. Faça o caule e as flores de cartolina verde e cole-os na base da flor.
4. Escreva "Deus cuida de mim" nas folhas e no caule.

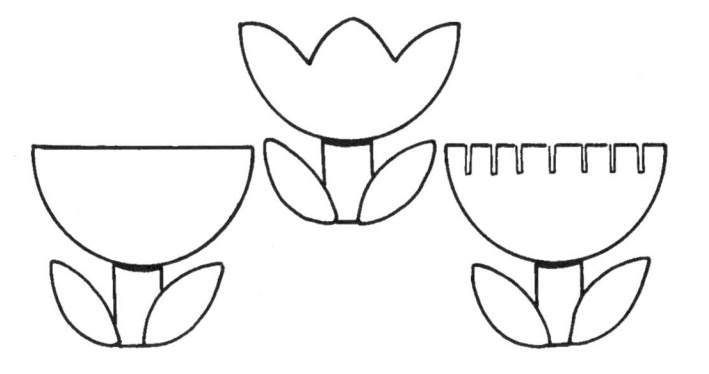

Sugestões
1. Use pratos coloridos para fazer as flores.
2. Em vez de usar papel de seda umedecido, cole pedaços de cartolina no prato.
3. Cole sementes ou grãos de feijão no centro das flores ou use-os para contornar as pétalas.
4. Confeccione um mural com as flores.

36 UMA SEMENTINHA PRODUTIVA
Mosaico de parede

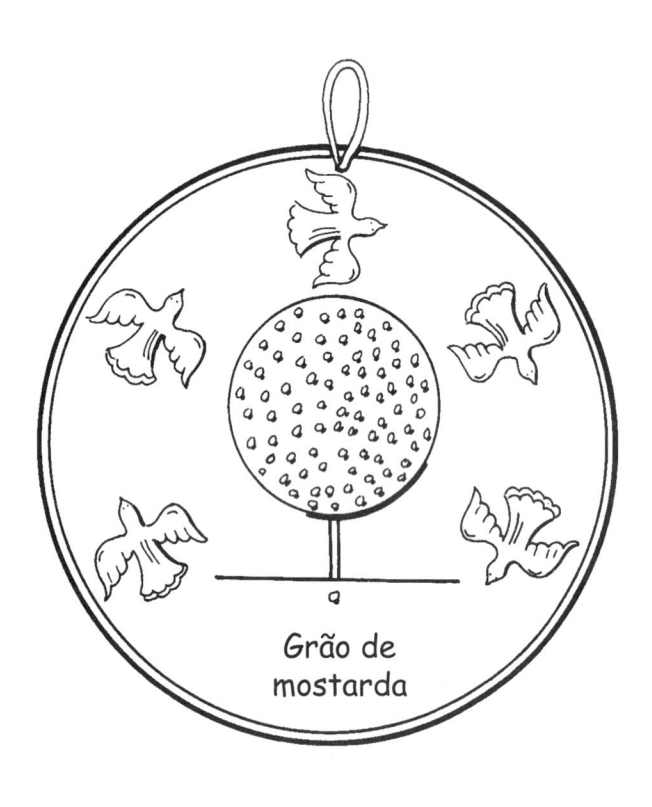

História Bíblica
A Parábola do Grão de Mostarda
(Marcos 4.30-32)

Material
Prato de papel
Pincel atômico ou giz de cera
Ervilhas secas
Cola
Furador de papel
Fio de lã

Instruções
1. Escreva "grão de mostarda" na borda inferior do prato de papel.
2. Desenhe passarinhos em volta da borda do prato.
3. Desenhe um círculo na parte superior central do prato como se fosse o topo de uma árvore. Trace uma linha horizontal um pouco abaixo do círculo como se fosse um pedaço de chão. Trace uma linha vertical unindo a árvore ao chão; esta linha representará o tronco da árvore.
4. Cole um único grão de ervilha logo abaixo da linha horizontal.
5. Cole grãos de ervilha dentro do círculo, deixando a árvore bem cheia.
6. Perfure o topo do prato, amarre um fio de lã e pendure o mosaico em lugar visível para sempre se lembrar de que o reino de Deus cresce como uma árvore grande de uma semente bem pequena.

Sugestões
1. Cole um grão verdadeiro de mostarda na base do tronco.
2. Contorne a árvore, o tronco e o chão com fio de lã.
3. Cubra os passarinhos com penugem de aves.
4. Em vez de usar ervilhas, encha a árvore com fios de lã verde, pedaços de papel picado ou papel de seda amassado.
5. Pinte o desenho com pincel atômico ou giz de cera.
6. Contorne o tronco da árvore com grãos de feijão marrom.

A SEMENTE EM TERRA FÉRTIL
Quadro de macarrão

37

História Bíblica
A Parábola do Semeador (Mateus 13.1-23)

Material
Prato de papel
Cartolina azul
Tesoura
Cola
Pincel atômico ou giz de cera
Macarrão comprido
Macarrão redondo

Instruções
1. Corte e cole um círculo de cartolina redondo no prato de papel.
2. Escreva "A semente em terra fértil" na borda do prato.
3. Quebre o macarrão comprido em pedaços pequenos e cole-os no meio do prato como se fossem caules de plantinhas.
4. Cole macarrão redondo nas pontas dos caules como se fossem grãos de cereais.
5. Decore a borda do prato com macarrão redondo.
6. Deixe seu quadro à vista como um lembrete de que seu amor pelos outros cresce à medida que você obedece a Palavra de Deus.

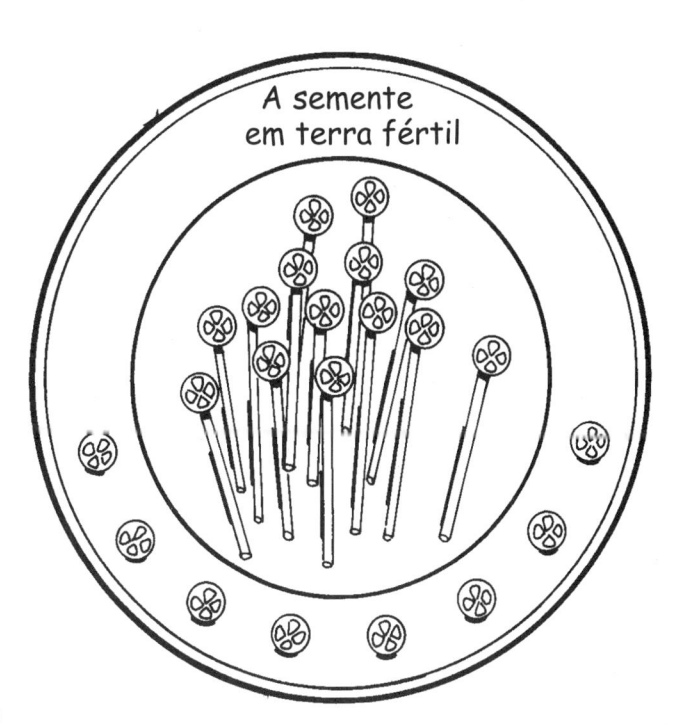

Sugestões
1. Use outros tipos de macarrão para fazer os grãos de cereais.
2. Tinja o macarrão com anilina e, depois de seco, cole-o no prato.

38 — O PORQUINHO PRÓDIGO
Fantoche de palito de sorvete

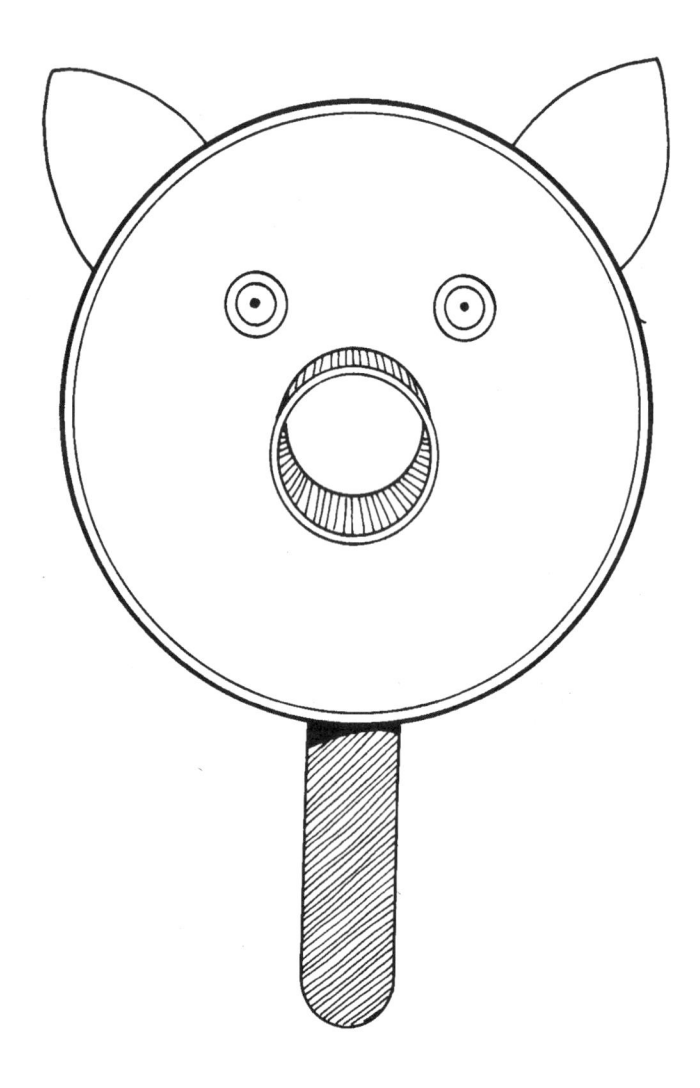

História Bíblica
O Filho Pródigo (Lucas 15.11-32)

Material
Prato de papel pequeno
Forminha de brigadeiro
Cola
Cartolina
Tesoura
Palito de sorvete
Fita adesiva (opcional)

Instruções
1. Cole o fundo da forminha no meio do prato.
2. Faça orelhas de porco de cartolina e cole no topo do prato.
3. Faça dois círculos e cole-os como se fossem os olhos.
4. Cole ou prenda um palito no verso do prato.
5. Segure o porquinho e deixe que ele conte a Parábola do Filho Pródigo.

Sugestões
1. Use prato e forminha cor-de-rosa para confeccionar o fantoche.
2. Desenhe os olhinhos no prato.
3. Pique papel de seda cor-de-rosa e cole-o no prato com cola líquida.
4. Use um prato maior e faça o focinho do porco com um copinho de café.

PREPARE-SE PARA RECEBER JESUS
Uma candeia

39

História Bíblica
A Parábola das Dez Virgens (Mateus 25.1-13)

Material
Prato de papel
Tesoura
Lápis
Pincel atômico ou giz de cera
Papel celofane vermelho
Fita adesiva ou cola

Instruções
1. Corte o prato de papel ao meio. Guarde uma metade para outro projeto.
2. Corte uma alça em um dos lados do prato.
3. Escreva "Estou Pronto" e decore a candeia como desejar.
4. Faça chamas de papel celofane vermelho e amasse-as levemente.
5. Cole ou prenda as chamas no topo da candeia.
6. Deixe sua candeia à vista como um lembrete de que sua fé em Jesus prepara você para a volta do Senhor.

Sugestões
1. Use cartolina vermelha para confeccionar as chamas.
2. Faça as chamas de cartolina, encape com papel alumínio e cole-as na candeia.
3. Desenhe e pinte a candeia num prato de papel inteiro.
4. Use um prato de papel colorido para confeccionar a candeia.
5. Em vez de recortar uma alça, confeccione uma candeia antiga (como as do templo) e conte a história de Samuel (1Samuel 3).
6. Escreva "Deixe sua luz brilhar" na candeia. Explique como você pode repartir o amor de Deus com os outros.
7. Use a candeia para ilustrar cânticos como "Minha pequena luz".

40 SENHOR DO VENTO E DAS ONDAS
Um barco

História Bíblica
Jesus acalma a tempestade (Mateus 8.23-27)

Material
Prato de papel
Tesoura
Pincel atômico ou giz de cera
Folha de papel sulfite
Canudo de refrigerante
Fita adesiva

Instruções
1. Corte o prato ao meio; guarde uma metade para outro projeto.
2. Desenhe ondas fortes em toda a extensão da parte arredondada do prato; desenhe um barco na parte de cima do prato.
3. Recorte uma vela quadrada de papel sulfite e escreva; "Jesus é Senhor do vento e das ondas".
4. Cole o canudo no verso do prato e prenda a vela no alto do canudo.
5. Conte a história de como Jesus acalmou a tempestade. Sempre que olhar para o barquinho, lembre-se de que Jesus cuida de você durante as tempestades.

Sugestões
1. Faça uma cruz com dois canudos no topo da vela.
2. Use lã azul para fazer as ondas e lã marrom para fazer o barco.
3. Em vez de escrever a frase acima sugerida, desenhe uma cruz no barco.
4. Use prendedores de roupa como se fossem pessoas e dramatize outras histórias bíblicas que falem de barcos.

OBRIGADO, SENHOR, POR PIZZA
Pizza na forma

41

História Bíblica
Jesus alimenta cinco mil pessoas (João 6.5-15)

Material
Prato de papel
Giz de cera cinza
Cartolina marrom, vermelha e amarela
Tesoura
Cola
Pincel atômico

Instruções
1. Pinte a borda do prato de cinza como se fosse uma assadeira.
2. Corte um círculo de papel marrom que caiba dentro do prato; este círculo será a massa da pizza.
3. Corte um círculo vermelho menor para ser o molho de tomate.
4. Corte um círculo amarelo, ligeiramente ondulado, para ser o queijo.
5. Corte círculos vermelhos menores como se fossem rodelas de lingüiça.
6. Acrescente outras coberturas a gosto.
7. Cole as partes da pizza em ordem: primeiro a massa, depois o molho de tomate, o queijo e as coberturas.
8. Com o pincel atômico, escreva nas rodelas de lingüiça: "Obrigado, Senhor, por pizza".

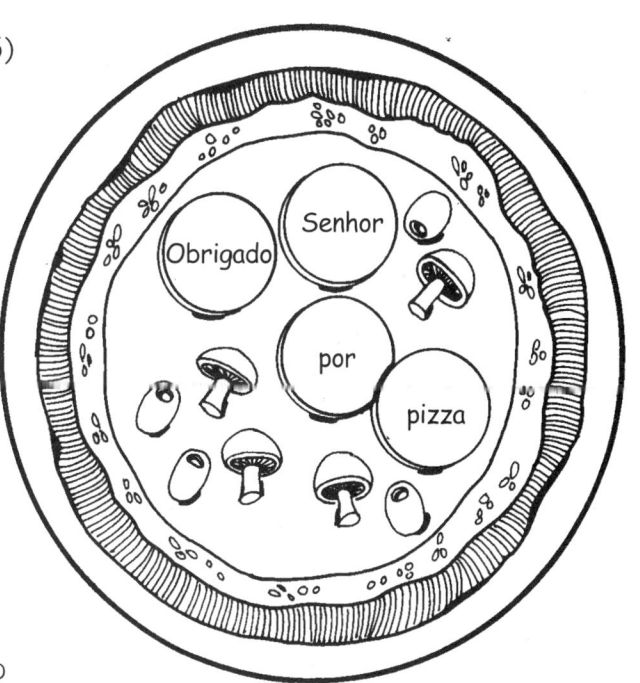

Sugestões
1. Tinja pedaços de macarrão com anilina amarela e use-os para fazer o queijo.
2. Use a pizza para enfatizar outras lições sobre nossa gratidão a Deus pela bênção do alimento, como a história do maná que caiu do céu ou sobre o profeta Elias e os corvos.

42 LANCEM AS REDES
Quadro de Giz de Cera

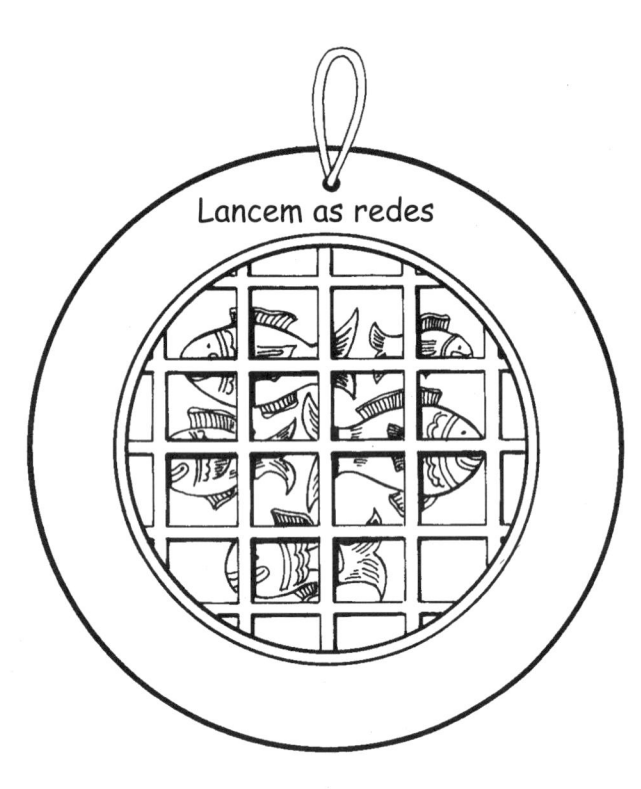

História Bíblica
Jesus enche de peixe a rede dos discípulos (Lucas 5.1-11)

Material
Prato de papel
Giz de cera
Tinta guache ou similar azul
Pincel
Furador de papel
Pedaço curto de fio de lã

Instruções
1. Desenhe peixes de cor clara dentro do prato. Escreva "Lancem as redes" na borda do prato.
2. Desenhe uma grade, imitando uma rede de pesca, em cima dos peixes.
3. Dilua bem a tinta guache azul e, com o pincel, passe uma camada leve em cima de todo o prato.
4. Faça um furo no topo do prato e amarre o fio de lã. Pendure seu quadro em lugar visível para sempre se lembrar de que Jesus nos chama para ser seus discípulos e que ele nos transforma em pescadores de homens.

Sugestões
1. Em vez de desenhar a rede, espere a tinta secar e cole pedaços de barbante, de fio de lã, de linha de crochê grossa em cima do prato.
2. Cubra com papel filme e use como um quadro, para mostrar os peixes criados por Deus.
3. Use para contar sobre a outra ocasião em que Jesus encheu de peixe a rede dos discípulos (João 21.1-14).

JESUS ME AMA
Um Porta-Retrato

43

História Bíblica
Jesus e as criancinhas (Marcos 10.13-16)

Material
Tampa de plástico ou pires
Prato de papel
Figura de Jesus
Lápis
Tesoura
Papel contact transparente
Pincel atômico ou giz de cera de várias cores
Furador de papel

Instruções
1. Ache uma tampa de plástico ou pires do tamanho do centro do prato.
2. Coloque a tampa em cima da gravura de Jesus, trace um círculo e recorte a gravura.
3. Corte um círculo de papel contact e encape a gravura com ele.
4. Na base do prato, escreva "Jesus me ama". Enfeite o resto da borda com corações e cruzes.
5. Faça um furo no topo do prato e pendure o porta-retrato em seu quarto como um lembrete do constante amor de Jesus por você.

Sugestões
1. Deixe que as crianças desenhem o rosto de Jesus.
2. Quando o trabalho estiver pronto, cantem "Cristo tem amor por mim".
3. Não use o papel contact.
4. Enfeite a borda do prato com sianinha, fita de seda, fio de lã.
5. Faça quadros com gravuras de histórias da revista da Escola Dominical.

44 O HOMENZINHO NA ÁRVORE
Quadro de árvore

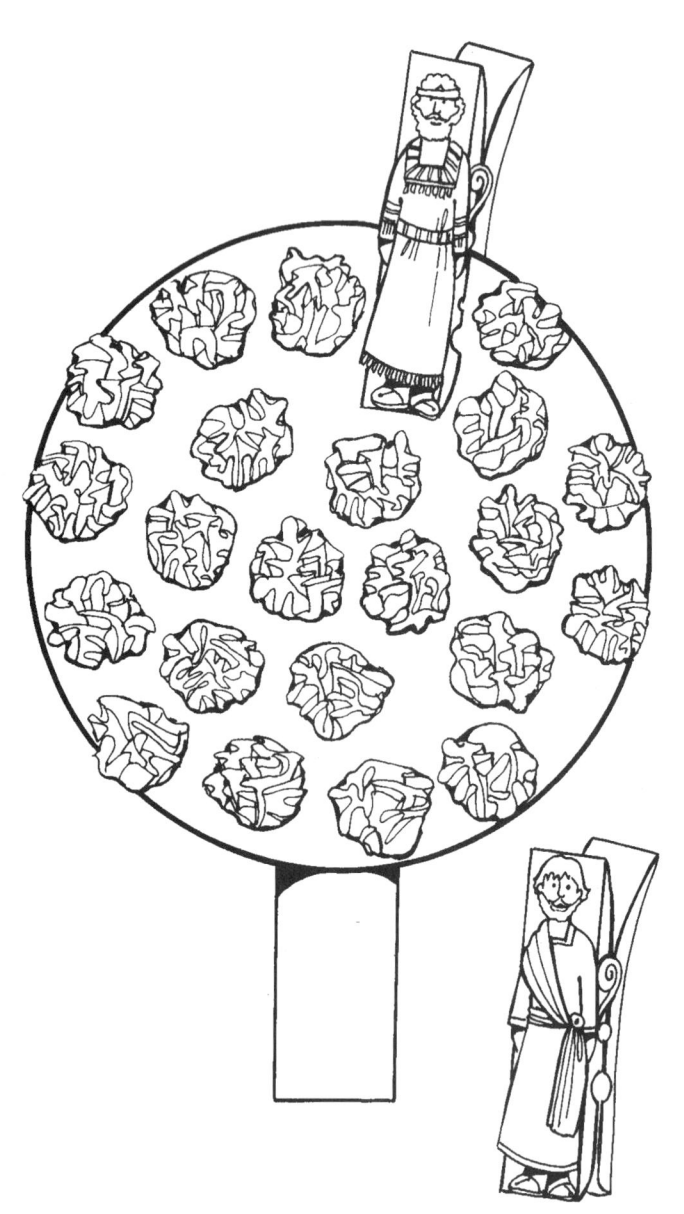

História Bíblica
Jesus visita Zaqueu (Lucas 19-1-10)

Material
Prato de papel
Papel de seda verde
Tesoura
Lápis
Cola
Cartolina marrom
Dois prendedores de roupa
Pincel atômico ou giz de cera

Instruções
1. Corte quadrados de papel de seda, enrole-os em volta do lápis e cole-os no prato.
2. Faça um tronco de papel marrom e cole-o na base do prato.
3. Corte duas tiras de cartolina do tamanho dos prendedores.
4. Com pincel atômico ou giz de cera, desenhe Jesus e Zaqueu, cada um em uma tira.
5. Cole as tiras nos prendedores.
6. Use os prendedores e a árvore para contar a história de Jesus e Zaqueu.

Sugestões
1. Em vez de usar cartolina, use pincel atômico e retalhos de tecido para fazer Jesus e Zaqueu nos prendedores.
2. Cubra a árvore com pedaços de cartolina verde.
3. Confeccione uma serpente de arame encapado. Desenhe Adão e Eva nos prendedores e conte a história da queda no jardim do Éden.

JESUS MORREU POR VOCÊ
Cálice de ceia

45

História Bíblica
A Ceia do Senhor (Lucas 22.19-20; Mateus 26.26-30)

Material
Prato de papel
Tesoura
Cola
Giz de cera
Tinta guache ou similar amarela
Água
Pincel

Instruções
1. Corte o prato ao meio; corte uma das metades ao meio também.
2. Faça um círculo pequeno com uma das "minimetades" do prato e desenhe uma cruz bem no meio.
3. Cole o círculo no topo da metade inteira, como ilustrado.
4. Cole a outra minimetade na base da metade inteira, como ilustrado.
5. Escreva no cálice: "Jesus morreu por você".
6. Dilua bem a tinta e pinte levemente o cálice.
7. Conversem sobre como sua igreja celebra a Ceia do Senhor.

Sugestões
1. Pinte o cálice apenas com o pincel atômico ou giz de cera.
2. Faça o cálice de prato de papel colorido.

46 CRISTO MORREU POR TODOS NÓS
Mosaico de três cruzes

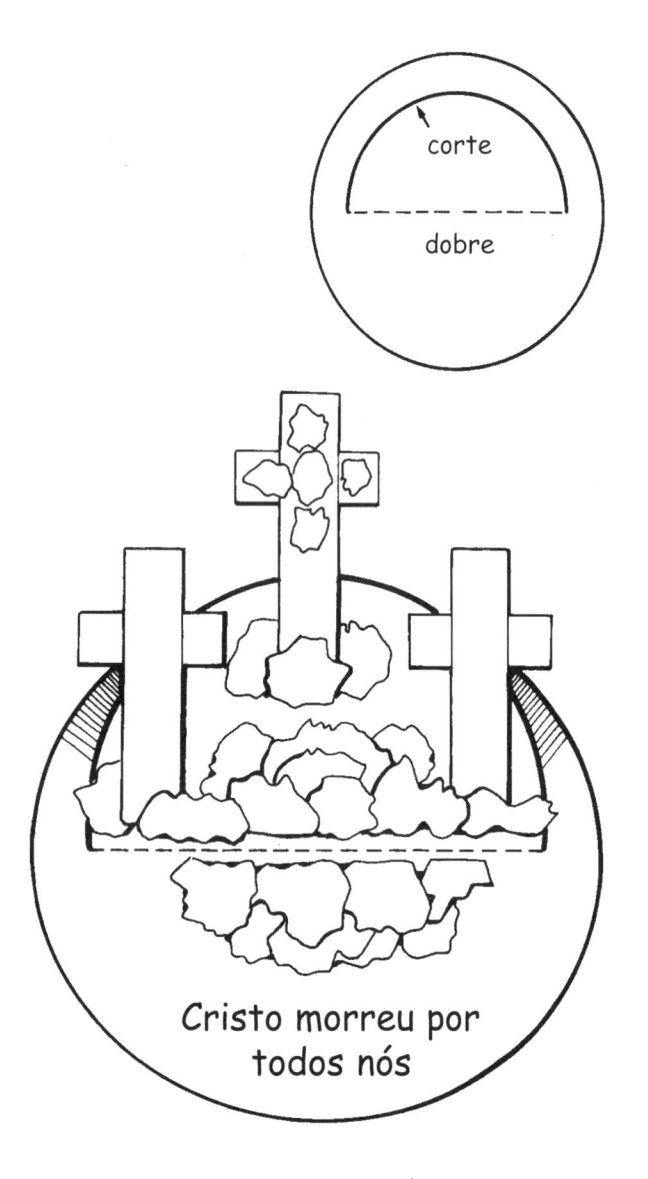

História Bíblica
Os dois homens crucificados com Jesus (Lucas 23.32-43)

Material
Prato de papel
Tesoura
Pincel atômico e giz de cera de várias cores
Cartolina verde, marrom e vermelho
Cola

Instruções
1. Faça um corte meia-lua na borda interna do prato.
2. Rasgue pedaços de papel verde e cubra o centro interno do prato.
3. Ao longo da borda inferior escreva: "Cristo morreu por todos nós"
4. Dobre a meia-lua, de maneira que ela fique separada do prato.
5. Recorte tiras de papel marrom e confeccione três cruzes.
6. Rasgue pedaços de papel vermelho e cole-os na cruz do meio.
7. Cole as cruzes no topo da meia-lua.

Sugestões
1. Em vez de rasgar os pedaços de cartolina, corte-os em quadrados.
2. Cole pedaços de papel de seda colorido ou fita de seda no quadro.
3. Em vez de usar cartolina, pinte o quadro com giz de cera ou pincel atômico.
4. Não recorte a meia-lua. Deixe o prato inteiro e desenhe um monte e as cruzes, enfeite com quadrados de papel colorido.

JESUS MORREU POR MIM
Cruz de tecelagem

47

História Bíblica
A crucificação de Jesus (Lucas 23.26-49)

Material
Prato de papel
Régua
Lápis
Fio de lã púrpura "degradê"
Agulha de tapeçaria
Tesoura

Instruções
1. Com o lápis e a régua, marque espaços de 1,5cm junto ao topo da borda interna do prato. O número de espaços determinará a largura da cruz (6 ou 7cm são suficientes).
2. Meça o mesmo número de espaço na base e nos dois lados do prato.
3. Corte um pedaço de fio de lã (60cm é um bom tamanho), dê um nó em uma das pontas e enfie a outra ponta na agulha. Enfie a agulha em uma das marcas no topo do prato (com o nó nas costas da marca) e leve o fio à marca do lado oposto. Enfie a agulha nesta marca e saia pela marca do lado. Continue a operação até que todas as marcas verticais estejam trabalhadas.
4. Repita o processo com as marcas horizontais, tecendo por cima e por baixo dos fios verticais já feitos. Alterne a entrelaçada sempre que mudar a direção. Continue até que todos os fios horizontais estejam no lugar.
5. Começando em uma das pontas da cruz, teça por baixo e por cima dos fios até chegar ao outro lado; agora faça o caminho de volta, por cima e por baixo em sentido contrário ao do fio que você acabou de tecer. Prossiga até que a cruz esteja totalmente coberta com fio de lã.
6. Quando terminar, amarre um pedaço de lã no topo do prato e pendure a cruz em lugar visível para nunca se esquecer de que Jesus morreu por você.

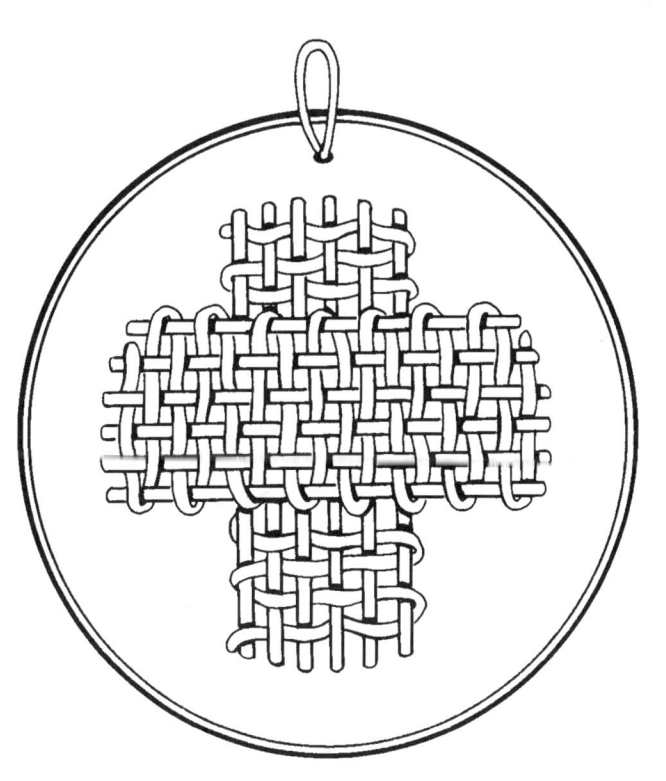

Sugestões
1. Use cores vivas para fazer uma cruz da vitória na época da Páscoa.
2. Faça cortes de 1.5cm nos lados do prato e comece a tecer a cruz dali. Enrole fita adesiva em uma das pontas do fio, que será usada como "agulha".

48 JESUS RESSUSCITOU POR MINHA CAUSA
Cestinha da páscoa

História Bíblica
O primeiro domingo de Páscoa (Lucas 24.1-8)

Material
Prato de papel
Tesoura
Pincel atômico ou giz de cera
Furador de papel
Fio de lã
Fita adesiva
Cartolina de várias cores
Palitos de sorvete
Cola

Instruções
1. Retire a borda do prato. Corte o círculo restante ao meio.
2. No lado externo de uma das metades escreva: "Jesus está vivo". Desenhe flores ao redor da frase e também no lado externo da outra metade do prato.
3. Junte as duas metades e faça furos distantes 2.5cm uns dos outros em toda a borda.
4. Corte um pedaço de fio de lã (60cm são suficientes), dê um nó em uma ponta, enrole fita adesiva na outra, e costure uma metade na outra.
5. Recorte flores de cartolina, cole-as nos palitos de sorvete e coloque-as na sua cestinha da Páscoa.

Sugestões
1. Faça flores de papel de seda para colar nos palitos de sorvete.
2. Desenhe ovos de Páscoa de papel, enfeite-os e cole-os nos palitos de sorvete.
3. Mude a frase e dê a cestinha de presente no Dia das Mães, por exemplo.

BOAS NOVAS DA PÁSCOA
Móbile de borboleta

História Bíblica
A ressurreição de Jesus (Lucas 24.1-8)

Material
Prato de papel
Lápis
Tesoura
Papel contact transparente
Papel de seda colorido
Pincel atômico ou giz de cera
Furador de papel
Fio de lã de várias cores

Instruções
1. Desenhe uma borboleta no centro do prato e recorte-a, deixando apenas seu contorno no meio do prato.
2. Com o lápis, trace o modelo da borboleta em um pedaço de papel contact transparente. Amplie o desenho 1.5cm. Repita este processo em outro pedaço de papel contact.
3. Retire a proteção de um dos pedaços de papel contact e cole-o no contorno da borboleta no centro do prato.
4. Corte pedaços de papel de seda e grude-os no papel contact que está no prato.
5. Cubra a frente da borboleta com o outro pedaço de papel contact.
6. Com o pincel atômico ou giz de cera, escreva a frase: "Boas Novas da Páscoa" ou um versículo sobre a ressurreição de Jesus, ao longo da borda do prato.
7. Faça um furo no topo do prato, amarre um fio de lã e pendure-o. Conversem sobre como a borboleta pode ser um símbolo da ressurreição de Cristo.

Sugestões
1. Enfeite a borboleta com fios de lã também.
2. Em vez de papel de seda, use cartolina ou fita de seda.

50 JESUS RESSUSCITOU
Ovo vazio

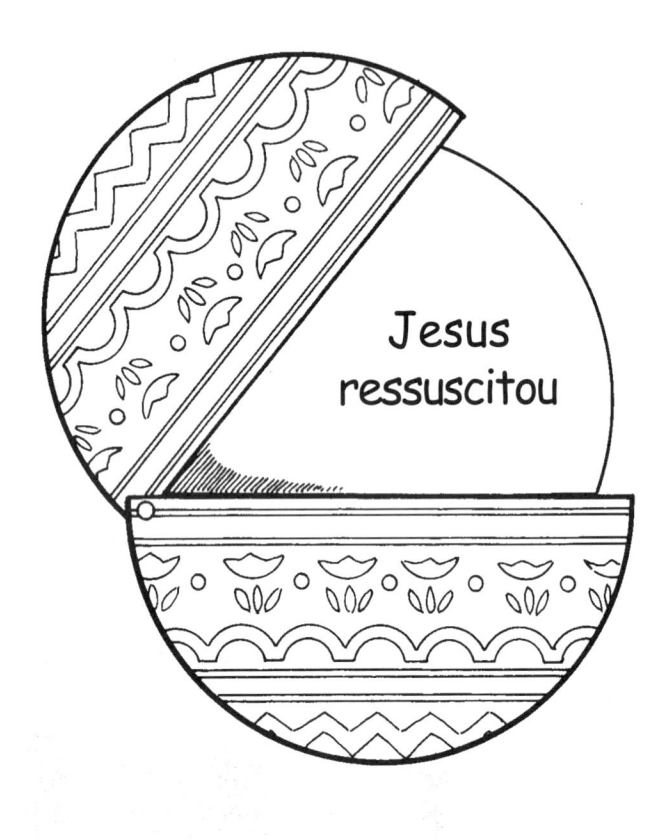

História Bíblica
A ressurreição de Jesus (Lucas 24.1-8)

Material
Dois pratos de papel
Giz de cera
Pedaço de esponja
Tinta guache
Água
Tesoura
Grampo de metal

Instruções
1. Decore o lado de fora de um prato com giz de cera de cor clara, deixando-o parecido com um ovo de Páscoa.
2. Dilua a tinta guache em água e, com um pedaço de espoja, pinte bem de leve o prato todo.
3. Corte ao meio o prato decorado. Com o grampo de metal, prenda as duas metades na base do outro prato, como ilustrado.
4. Abra o ovo e, no prato de baixo, escreva: "Jesus ressuscitou".
5. Use o ovo para contar aos amigos o que anjo falou na manhã daquele primeiro domingo de Páscoa.

Sugestões
1. Se desejar, decore o lado de fora do prato de baixo.
2. Enfeite o ovo com adesivos ou giz de cera.
3. Umedeça o prato e cubra-o com pedaços de papel de seda; depois de seco, retire o papel.
4. Faça uma mistura de cola branca e água, e cole pedaços de papel de seda.

JESUS ESTÁ VIVO
Bexiga de prato

51

História Bíblica
A Páscoa (João 20.1-18)

Material
Papel de seda de várias cores
Tesoura
Prato de papel
Cola branca
Pincel
Pincel atômico
Papel filme
Fio de lã

Instruções
1. Corte vários quadrados de papel de seda de diferentes cores.
2. Dilua a cola em um pouco de água. Coloque um quadrado de papel no prato e, com o pincel, passe cola por cima. Coloque outro quadrado e passe cola. Continue o processo até que o prato esteja coberto, trabalhando um quadrado de cada vez.
3. Quando o prato estiver seco, escreva com o pincel atômico: "Jesus está vivo".
4. Cubra o prato todo com o filme aderente.
5. Amarre um pedaço de fio de lã na base do prato.
6. Use a bexiga para dar aos amigos a boa notícia de que Jesus está vivo.

Sugestões
1. Para fazer uma bexiga de dois lados, enfeite dois pratos e grampeie um ao outro.
2. Use giz de cera, pincel atômico, tinta, pedaços de cartolina coloridos para enfeitar a bexiga.
3. Use prato de papel colorido para fazer a bexiga.
4. Para contar a história da ascensão de Cristo, escreva no prato a frase: "Jesus subiu ao Céu".

52 JESUS SOBE AO CÉU
Uma espiral

História Bíblica
A ascensão de Jesus (Atos 1.1-11)

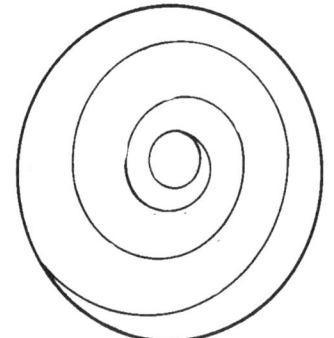

Material
Prato de papel
Lápis
Pincel atômico ou giz de cera
Tesoura
Furador de papel
Fio de lã

Instruções
1. Faça uma marca com lápis no centro do prato. A partir desta marca, desenhe uma linha espiral que cubra todo o prato.
2. Escreva ao longo da espiral, com pincel atômico ou giz de cera: "Jesus subiu ao Céu".
3. Decore a espiral com pincel atômico ou giz de cera.
4. Recorte a espiral.
5. Faça um furo no topo da espiral, amarre um fio de lã e pendure-a em lugar visível.

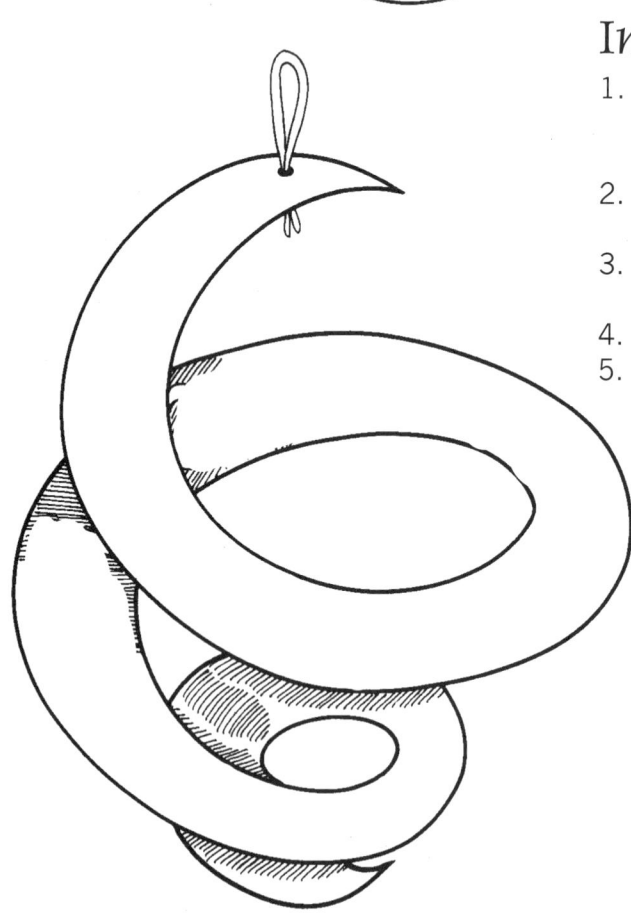

Sugestões
1. Cole chumaços de algodão na espiral como se fossem nuvens.
2. Enfeite a espiral com pedaços de cartolina.
3. Use a espiral na celebração de outros dias especiais, como o Natal, a Páscoa, o dia de Pentecostes. Escreva um versículo bíblico de acordo com a data e enfeite a espiral.

ESPALHE AOS QUATRO VENTOS
Frisbe das Boas Novas

53

História Bíblica
A grande comissão (Mateus 28.16-20)

Material
Prato de papel
Pincel atômico ou giz de cera
Tesoura

Instruções
1. Retire a borda do prato cuidadosamente, deixando-a inteira.
2. Escreva ao longo da borda: "Jesus ama você" e decore-a.
3. Chame um amigo para brincar com o frisbe. Explique o que é frisbe e demonstre sua técnica de jogo. Enquanto jogam o frisbe um para o outro, digam: "Jesus ama você, e eu também".

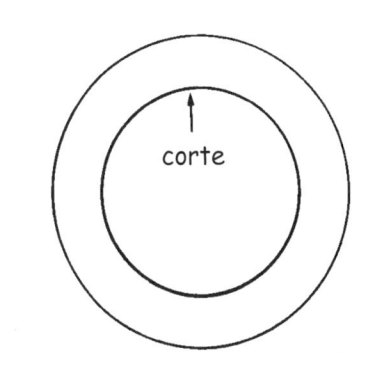

Sugestões
1. Use o prato inteiro como se fosse um frisbe.
2. Escreva no frisbe outros versículos da Bíblia que você gostaria de repetir aos amigos.

54 IDE POR TODO O MUNDO
Cruz óptica

História Bíblica
A grande comissão (Marcos 16.15-16; Mateus 28.16-10)

Material
Prato de papel
Lápis
Compasso
Régua
Pincel atômico
Furador de papel
Fio de lã

Instruções
1. Marque o centro do prato.
2. Esboce uma cruz no centro do prato, conforme a ilustração.
3. Use o compasso para fazer círculos concêntricos (que partem do mesmo centro) em todo o prato, menos na borda.
4. Com a régua, trace raios (linhas) do centro do prato em direção à borda.
5. Pinte alternadamente os espaços da cruz.
6. Pinte alternadamente os espaços que fazem o fundo do prato, usando cores diferentes das cores usadas na cruz.
7. Na borda do prato, escreva: "Ide por todas as nações".
8. Faça um furo no topo do prato. Amarre um pedaço de lã e pendure o prato em lugar visível para sempre se lembrar de falar sobre Jesus a todos os seus amigos.

Sugestões
1. Pinte o fundo do prato de azul e verde.
2. Varie o tamanho dos raios e dos círculos.
3. Use outro símbolo cristão no centro do prato.
4. Use a mesma cor no prato todo.

PAULO E A SERPENTE
Fantoche

(55)

História Bíblica
Paulo na ilha de Malta (Atos 28.1-10)

Material
Prato de papel
Cartolina
Tesoura
Cola
Pincel atômico ou giz de cera
Um pé de meia usada

Instruções
1. Dobre o prato ao meio.
2. Faça olhos e presas (dentes caninos) de cartolina.
3. Cole os olhos no topo do prato; cole as presas no lado interno do prato.
4. Desenhe duas narinas abaixo dos olhos e desenhe escamas a gosto.
5. Corte e cole uma tira de papel tão comprida quanto a largura do prato nas costas deste.
6. Faça na meia um buraco para seu polegar e outro logo abaixo da dobra do prato (seu polegar imitará a língua da serpente).
7. Enfie a mão na meia e coloque o polegar no lugar da língua da serpente. Passe a mão por baixo da tira, nas costas do fantoche. Mova o polegar como se fosse a língua da serpente. Para dar vida ao fantoche, coloque seus dedos em cima da dobra e movimente-os para cima e para baixo.
8. Mande o fantoche contar o que aconteceu com Paulo quando o navio em que viajava naufragou em Malta.

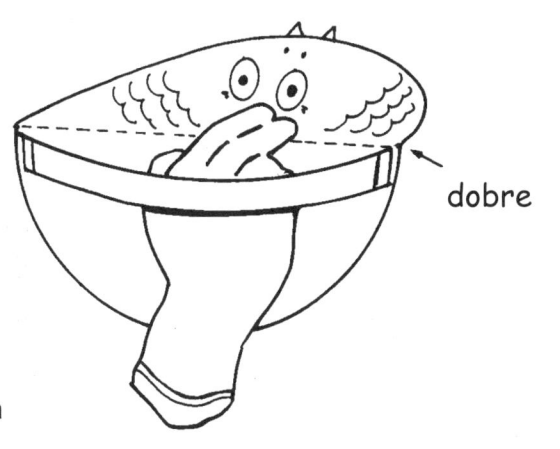

Sugestões
1. Em vez de pé de meia, use uma luva (dedos separados ou juntos).
2. Use a serpente para contar a história da desobediência de Adão e Eva no Jardim.
3. Em vez de cartolina, use feltro para fazer a cara da serpente.

56 A TRINDADE
Argolas entrelaçadas

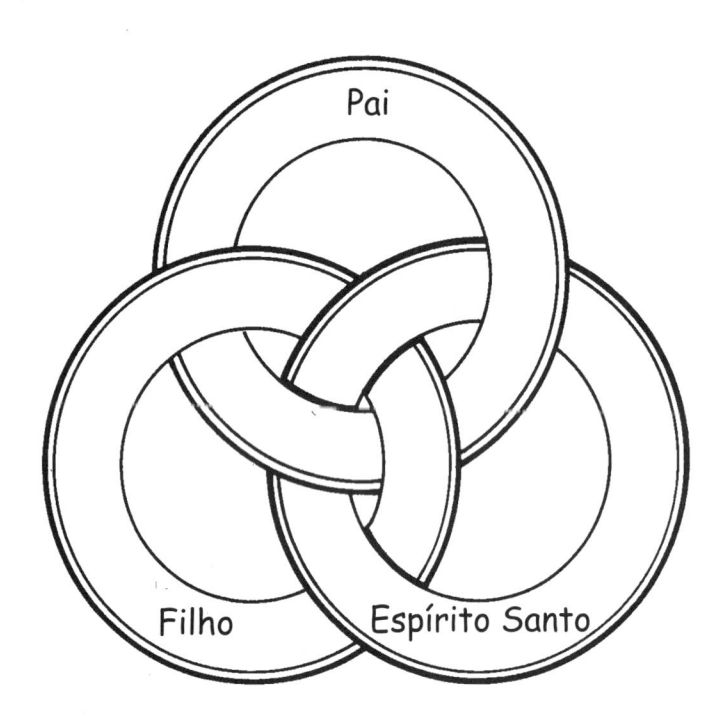

Celebração na Igreja
Domingo da Trindade

Material
Três pratos de papel
Tesoura
Cola
Pincel atômico ou giz de cera

Instruções
1. Corte fora as bordas dos pratos, deixando-as inteiras.
2. Faça um corte em duas bordas.
3. Coloque as duas bordas cortadas dentro da borda inteira; una as bordas cortadas entre si formando, assim, um círculo de três argolas interligadas.
4. Cole os lados das bordas cortadas.
5. Com pincel atômico ou giz de cera, escreva "Pai" em uma argola; em outra, "Filho" e em outra, "Espírito Santo".
6. Explique às crianças que nosso Deus são três pessoas em um único Deus.

Sugestões
1. Use três pratos de cores diferentes.
2. Enfeite a borda de cada prato com um símbolo específico de uma pessoa da Trindade. Por exemplo, na argola do Pai, coloque uma mão; na do Filho, uma cruz; na do Espírito Santo, uma pomba.

SENHOR, ABENÇOE NOSSO PAÍS
Fogos de artifício

57

Celebração
Sete de Setembro

Material
Prato de papel
Tinta guache de cores vivas
Canudo de refrigerante
Pincel atômico ou giz de cera
Furador de papel

Instruções
1. Coloque um pouco de tinta guache no centro do prato. Assopre com o canudo de refrigerante em cima da tinta para formar um desenho de fogos de artifício.
   Acrescente quantas cores desejar.
2. Espere a tinta secar e escreva ao longo da borda: "Senhor, abençoe nosso país".
3. Faça um furo no topo do prato e pendure-o em lugar visível para não se esquecer de orar sempre pela nação em que vivemos.

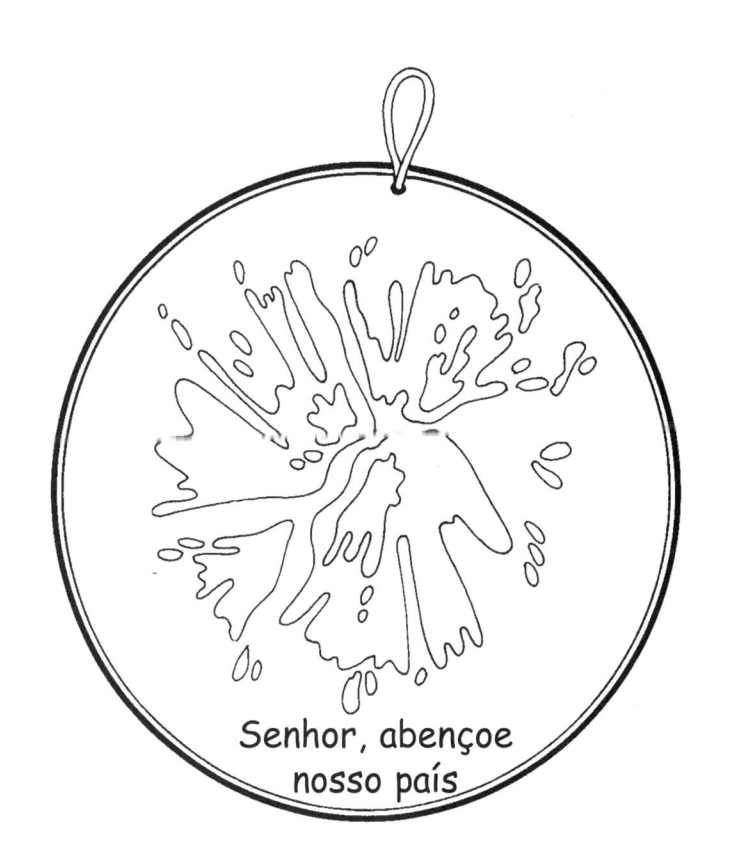

Sugestões
1. Salpique glitter sobre a tinta.
2. Escreva ao longo da borda uma oração pelo nosso país.
3. Escreva ao longo da borda uma frase de um hino patriótico ou de um versículo bíblico apropriado à ocasião.

58 SEJAMOS AGRADECIDOS
Prato de gratidão

"Dêem graças ao Senhor porque ele é bom; o seu amor dura para sempre" (Salmo 106.1).

Celebração
Ações de graças pelo alimento

Material
Prato de papel
Um retângulo de cartolina maior que o prato
Cola
Guardanapo de papel
Cartolina de várias cores
Tesoura
Copo de papel
Fita adesiva

Instruções
1. Cole o prato no centro do retângulo de cartolina.
2. Dobre o guardanapo e cole-o à esquerda do prato.
3. Faça um garfo de cartolina cole-o no guardanapo. Se desejar, faça também colher e faca e cole-os à direita do prato.
4. Corte o copo ao meio, em sentido vertical, e prenda-o com fita adesiva à direita do prato, logo acima dos talheres.
5. Confeccione alimentos de cartolina e cole-os no prato.
6. Escreva uma oração de agradecimento na toalha, como por exemplo: "Dêem graças ao Senhor porque ele é bom; o seu amor dura para sempre" (Salmo 106.1).

Sugestões
1. Use a criatividade ao confeccionar os alimentos. Faça batatinhas fritas de papel construtivo amarelo; pãozinho de papel marrom claro; cole grãos de arroz e de feijão.
2. Cole talheres de plástico na toalha; recorte figuras de alimentos de revistas e jornais e cole-as no prato.
3. Conte histórias bíblicas enfatizando a importância de agradecermos a Deus pelo alimento.